高等职业教育连锁经营与管理专业
在线开放课程新形态一体化教材

特许经营应用

梁彩花 主编

杨莉娟 杨文茹 刘文娟 许文姝 副主编

清华大学出版社
北京

内 容 简 介

本书根据高职高专连锁经营与管理专业人才培养目标和定位要求，以特许经营体系建设工作流程为导向构建的项目化课程为基础编写而成。主要内容包括特许经营体系基本认知、特许经营体系战略规划、特许经营单店模式设计、特许经营加盟模式设计、特许经营总部管理系统建设、特许经营推广招募规划、特许经营法律法规认知7个工作情境及17个工作活动。

本书可作为高职高专连锁经营与管理专业、市场营销专业教学用书，也可供有意开展特许经营加盟创业的潜在受许人，以及从事连锁经营、市场营销管理工作的企业人员作为学习和培训参考用书。

本书封面贴有清华大学出版社防伪标签，无标签者不得销售。
版权所有，侵权必究。举报：010-62782989，beiqinquan@tup.tsinghua.edu.cn。

图书在版编目(CIP)数据

特许经营应用/梁彩花主编．--北京：清华大学出版社，2024.4
高等职业教育连锁经营与管理专业在线开放课程新形态一体化教材
ISBN 978-7-302-65637-1

Ⅰ.①特… Ⅱ.①梁… Ⅲ.①特许经营－高等职业教育－教材 Ⅳ.①F713.3

中国国家版本馆 CIP 数据核字(2024)第 048875 号

责任编辑：刘士平
封面设计：杨昆荣
责任校对：李　梅
责任印制：宋　林

出版发行：清华大学出版社
　　　网　　址：https://www.tup.com.cn，https://www.wqxuetang.com
　　　地　　址：北京清华大学学研大厦A座　　　邮　　编：100084
　　　社　总　机：010-83470000　　　邮　　购：010-62786544
　　　投稿与读者服务：010-62776969，c-service@tup.tsinghua.edu.cn
　　　质量反馈：010-62772015，zhiliang@tup.tsinghua.edu.cn
　　　课件下载：https://www.tup.com.cn，010-83470410
印 装 者：三河市天利华印刷装订有限公司
经　　　销：全国新华书店
开　　　本：185mm×260mm　　　印　张：13.75　　　字　数：315千字
版　　　次：2024年5月第1版　　　　　　　　　　印　次：2024年5月第1次印刷
定　　　价：48.00元

产品编号：103326-01

FOREWORD 前 言

在全球经济一体化的今天,特许经营作为一种现代市场经济规模发展的经营管理模式和营销方式已成为当前企业发展壮大的一条必由之路。特许经营正在被更多商业企业、制造企业及品牌服务企业等所采纳,是一种较传统经营更为安全、迅速的市场拓展策略,被人们誉为"第三次商业革命"。

作为首批56所中国特色高水平高职学校项目建设成果,本书充分依托产业学院、实训基地企业、结构化教师创新团队,以门店职业工作任务为内容框架,同时注重课程中蕴含的人文情怀和内在价值,切实将党的二十大精神、社会主义核心价值理念、商业职业素养及工匠精神追求等有机融入职业活动,启发青年大学生主动思考自己在全面建设社会主义现代化国家中所应担当的角色,自觉努力学习、艰苦奋斗,坚定实现中华民族伟大复兴的理想信念。

本书按照学生掌握特许经营知识和能力的逻辑规律要求编写,以特许经营业务流程和行为的组织与实施步骤为主要内容,力求实现工学结合教材改革的要求,提高学生从事特许经营管理工作的知识、技术和能力,同时兼顾学生可持续发展的能力。

1. 以"1+X"证书制度为导向,以职业技能竞赛内容为基础,体现"岗课赛证"融合的职业教育特色

本书积极贯彻落实国务院发布的《国家职业教育改革实施方案》关于"1+X"证书制度试点要求,加快学历证书和职业技能等级证书的互通衔接,以职业技能竞赛内容为基础,根据连锁企业加盟业务实际运营方式及工作流程编写。

2. 以践行产教融合为导向,以行业实际工作流程为内容,体现"校企合作"融合的职业教育特色

本书通过院校和企业合作编写,以门店的实际运营工作流程为蓝本,聚焦关键工作领域,将理论知识和实践技能有效融合,让学习者胜任相应岗位的工作。

3. 以立德树人目标为导向,以商业职业素养培育为中心,体现"德技双修"融合的职业教育特色

本书内容遵循"以职业岗位能力与核心素养为中心"的理念,对标企业岗位要求,设计岗位核心技能与职业核心素养的知识体系,让学生在完成工作活动的同时内化商业职业素养。

本书由山西省财政税务专科学校梁彩花和山西北方百果园网络科技有限公司宋杏平

进行总体设计,梁彩花进行后期的统稿、定稿工作。各模块的具体分工如下:梁彩花负责工作情境1、2的编写,山西林业职业技术学院许文姝负责工作情境3的编写,山西省财政税务专科学校刘文娟负责工作情境4的编写,山西省财政税务专科学校杨莉娟负责工作情境5的编写,山西省财政税务专科学校杨文茹负责工作情境6、7的编写。智慧新零售产业学院企业专家、山西食盒记网络科技有限公司索国伟,山西迈盛悦合体育用品有限公司郭海平全程参与了课程设计与开发、教材框架研讨及实操技能内容的确定。

  本书在编写过程中,参阅了国内外一些专家学者的研究成果及相关文献,并通过网络检索了大量文献,限于篇幅,未能一一注明,在此向原作者深表感谢!

  由于编写时间仓促,编者水平所限,书中难免有疏漏和不足之处,敬请各位高职院校老师和广大读者不吝赐教、批评指正,以便于及时修订,使之日臻完善。

编 者
2024年1月

CONTENTS 目 录

工作情境 1　特许经营体系基本认知 ……………………………………… 1

　　工作活动 1　辨析特许经营与其他模式 …………………………………… 2
　　工作活动 2　分析界定特许加盟的问题 …………………………………… 11

工作情境 2　特许经营体系战略规划 ……………………………………… 28

　　工作活动 1　进行特许经营可行性分析 …………………………………… 29
　　工作活动 2　制定特许经营的战略规划 …………………………………… 42

工作情境 3　特许经营单店模式设计 ……………………………………… 54

　　工作活动 1　单店盈利模式设计 …………………………………………… 55
　　工作活动 2　单店运营模式设计 …………………………………………… 70
　　工作活动 3　单店 SI 系统设计 …………………………………………… 78

工作情境 4　特许经营加盟模式设计 ……………………………………… 88

　　工作活动 1　特许经营权设计 ……………………………………………… 89
　　工作活动 2　特许经营授权模式设计 ……………………………………… 98
　　工作活动 3　特许经营费用设计 …………………………………………… 110

工作情境 5　特许经营总部管理系统建设 ………………………………… 120

　　工作活动 1　架构特许经营总部的组织 …………………………………… 121
　　工作活动 2　特许经营总部的运营管理 …………………………………… 132
　　工作活动 3　特许经营总部的信息管理 …………………………………… 142

工作情境 6　特许经营推广招募规划 ……………………………………… 154

　　工作活动 1　特许经营推广的渠道与策略 ………………………………… 155
　　工作活动 2　特许经营招募的方案与实施 ………………………………… 169

工作情境 7　特许经营法律法规认知 …………………………………………… 183

　　工作活动 1　特许经营知识产权保护认知 ………………………………… 184

　　工作活动 2　特许经营合同主要内容的制定 ……………………………… 195

参考文献 …………………………………………………………………………… 209

本书配套数字化资源目录

项目名称	任务名称	重难点微课	页码
工作情境1 特许经营体系基本认知	工作活动1 辨析特许经营与其他模式	微课1-1:秉承踏实肯干的职业素养,初步了解特许经营的内涵本质	2
		微课1-2:提升识骗防骗的职业能力,学会区别特许经营的经营模式	3
		微课1-3:秉承不畏艰难的职业素养,深入认识特许经营的特点和原则	6
	工作活动2 分析界定特许加盟的问题	微课1-4:恪守求真务实的职业道德,回顾了解特许经营的发展历史	11
		微课1-5:恪守实事求是的职业道德,深入解析《商业特许经营管理条例》的要点	18
工作情境2 特许经营体系战略规划	工作活动1 进行特许经营可行性分析	微课2-1:养成勇于拼搏的职业素养,理解特许经营可行性分析的意义	29
		微课2-2:具有战略布局的长远意识,学习特许经营可行性分析内容	29
		微课2-3:具有未雨绸缪的职业意识,运用特许经营可行性分析方法	32
	工作活动2 制定特许经营的战略规划	微课2-4:强化识变应变的成长思维,理解特许经营战略规划的意义	43
		微课2-5:强化服务至上的职业观念,了解特许经营的战略支撑体系	43
工作情境3 特许经营单店模式设计	工作活动1 单店盈利模式设计	微课3-1:加强顾客至上的职业观念,掌握特许企业单店的顾客定位	55
		微课3-2:加强以人为本的职业观念,掌握特许企业单店的选址模型	60
		微课3-3:加强创新开放的职业意识,制定特许单店关键经营的策略	64
	工作活动2 单店运营模式设计	微课3-4:提升敦本务实的职业素养,了解制作特许经营的操作手册	74

续表

项目名称	任务名称	重难点微课	页码
工作情境 3 特许经营单店模式设计	工作活动 3 单店 SI 系统设计	微课 3-5:提升开放创新的职业素养,设计特许单店形象识别的系统	79
工作情境 4 特许经营加盟模式设计	工作活动 1 特许经营权设计	微课 4-1:坚守诚信为本的职业情操,深入学习特许加盟模式的知识	89
		微课 4-2:坚守童叟无欺的职业道德,设计特许经营中的基础性权益	91
		微课 4-3:坚守互利共赢的合作理念,设计特许经营的限制性权益	91
	工作活动 2 特许经营授权模式设计	微课 4-4:秉持和衷共济的职业精神,深入认知特许经营的授权模式	99
		微课 4-5:秉持和谐共赢的合作理念,理解授权模式选择的考虑因素	104
	工作活动 3 特许经营费用设计	微课 4-6:秉持公平公正的商业理念,学习特许费用设计的基础知识	110
工作情境 5 特许经营总部管理系统建设	工作活动 1 架构特许经营总部的组织	微课 5-1:践行应变图存的职业素养,进行特许经营总部的组织建设	121
		微课 5-2:践行严谨细致的工作作风,进行特许经营总部的制度建设	121
	工作活动 2 特许经营总部的运营管理	微课 5-3:践行团队合作的职业精神,进行特许经营的培训系统建设	133
	工作活动 3 特许经营总部的信息管理	微课 5-4:养成勤勉细致的职业习惯,学习特许经营中的供应链管理	143
		微课 5-5:加强与时俱进的职业素养,了解特许经营的信息系统建设	146
工作情境 6 特许经营推广招募规划	工作活动 1 特许经营推广的渠道与策略	微课 6-1:强化高瞻远瞩的职业追求,认知特许经营的发展战略制定	155
		微课 6-2:遵循达诚申信的职业素养,学会特许经营的展会推广策略	159
		微课 6-3:强化开拓创新的职业追求,学会特许经营的店面推广策略	163
	工作活动 2 特许经营招募的方案与实施	微课 6-4:端正务实高效的职业态度,设计特许经营加盟招募流程	170
		微课 6-5:端正精益求精的职业作风,学会特许加盟选址评估工作	174

续表

项目名称	任务名称	重难点微课	页码
工作情境 7 特许经营法律法规认知	工作活动 1 特许经营知识产权保护认知	微课 7-1:遵循遵纪守法的职业素养,学习特许经营法律概述认知	184
		微课 7-2:遵守公平竞争的职业素养,了解特许经营知识产权使用	184
		微课 7-3:遵照诚信经营的职业要求,了解特许经营信息披露知识	191
	工作活动 2 特许经营合同主要内容的制定	微课 7-4:遵守契约精神的职业素养,了解特许经营合同的基本内容	196
		微课 7-5:遵循奉公守法的职业要求,了解特许经营相关法律问题	197

工作情境1

特许经营体系基本认知

情境目标

【知识目标】
(1) 掌握特许经营的基本概念；
(2) 了解特许经营与其他经营模式的异同。

【技能目标】
(1) 能够根据企业背景辨析特许经营与其他模式；
(2) 能够分析界定特许加盟的问题；
(3) 能够撰写加盟创业计划书。

【思政目标】
通过对特许经营体系基本知识的学习，让学生在真实行业实践调研工作中，积极发挥各自所长，培养和谐互助、共同进步的团队意识；通过对零售企业经营模式的辨析，指导学生深入零售企业，对经营模式进行深度调研，在调研过程中着重培养学生合理选取职业范围、深耕专业、精益求精的职业态度；通过对加盟问题的界定，引导学生理性看待加盟创业，培养学生诚实守信、爱岗敬业、踏实奋斗的工作精神。

情境导入

小张在一个东部新兴中等规模城市的新区开设山西风味餐馆已经四年多了，经营非常顺利。此时，一家国际大型连锁快餐店来到新区，有意招募小张特许加盟。小张知道这个快餐店世界有名，有一套完整的培训和经营方案，每个店在正常情况下都能实现年毛利润50万元，甚至达到140万元。虽然小张有信心经营好山西风味餐馆，但该国际大型连锁快餐店的诱人利润和前景使小张下定了加盟的决心。

特许经营加盟，首要是学习特许经营知识，分清不同的经营模式，界定加盟问题。

工作活动

工作活动1 辨析特许经营与其他模式
工作活动2 分析界定特许加盟的问题

工作活动 1　辨析特许经营与其他模式

工作活动目标

（1）掌握特许经营的定义；
（2）了解特许经营与其他模式的区别。

职业工作情境

小张权衡利弊后决定加盟国际大型连锁快餐店。加盟前小张需要了解和掌握特许经营的发展历史、特许经营的定义、类型和体系结构等这些特许经营知识，以及对特许经营加盟问题的分析与界定，包括对特许经营与传统经营的分析、特许经营问题的描述都要有较深刻的认识和理解。

职业知识储备

知识点 1　特许经营的定义

对于特许经营的定义，不同的组织有不同的理解，本书主要介绍两个通用的国际特许经营协会（IFA）的定义和中国的法律定义。

微课 1-1：秉承踏实肯干的职业素养，初步了解特许经营的内涵本质

一、国际特许经营协会的定义

国际特许经营协会对特许经营定义如下：特许经营是特许人与受许人之间的一种契约关系。根据契约，特许人向受许人提供一种独特的商业经营特许权，并给予人员训练、组织结构、经营管理、产品采购等方面的指导与帮助，受许人向特许人支付相应的费用。

这个定义明确肯定特许加盟的契约性特征和双方由契约所规定的义务，但没有明确指出特许权的核心内容是商标还是运营模式。

二、中国特许经营法律定义

我国 2007 年 5 月 1 日开始实施的《商业特许经营管理条例》对商业特许经营（以下简称特许经营）的定义是：拥有注册商标、企业标志、专利、专有技术等经营资源的企业（以下称特许人），以合同形式将其拥有的经营资源许可其他经营者（以下称受许人）使用，受许人按照合同约定在统一的经营模式下开展经营，并向特许人支付特许经营费用的经营活动。企业以外的其他单位和个人不得作为特许人从事特许经营活动。

我国对特许经营的定义特别强调特许人与受许人之间通过一份特许合同而确立的授权与被授权的商业契约关系。此定义对授权的内容也做了具体的描述，将商标、商号、标志、专利、专有技术、经营模式等经营资源列入知识产权范畴，并规定受许人可以根据合同

规定有偿地使用这些权利。其不足之处是只强调了受许人的义务,却忽略了特许人应尽的授权以外的义务。

随着全球特许经营的快速发展,以及人们对特许经营认识的逐步深化,相信特许经营的定义也将进一步完备。

第三代特许经营是随着以移动互联网和大数据为代表的现代信息技术的快速发展和广泛应用,首先在中国逐步产生并形成的一种对传统的第一代商品特许经营和第二代特许经营模式进行数字化升级的模式,简称数字化特许经营。

2021年6月30日,在中国特许加盟大会上,中国连锁经营协会发布了《数字化特许经营指南》(以下简称《指南》)。《指南》认为,数字化特许经营不仅对传统特许经营模式的不同环节进行了数字化升级,实现了部分环节的效率提升,更重要的是,传统特许经营的底层逻辑结构因为数字化发生了重构,数字化减少或者消除了特许经营权交易过程中各主体的信息不透明、不对称现象,极大地降低了特许经营授权的门槛及交付和实施的成本,使得特许经营的整体效率得以极大的提升。数字化特许经营的发展至少有两个阶段。

(1)数字化特许经营,指特许经营企业在不改变传统的主要业务流程情况下,使用数字化工具,提高部分环节的效率。

(2)特许经营数字化,是由特许经营过程中产生的数据,驱动特许经营核心业务"特许经营权交易"健康发展的价值传动模式。

两个阶段表面上看起来是"数字化"与"特许经营"两个词的位置互换,其性质却是量变与质变之差。

知识点 2　特许经营与其他分销模式辨析

一、特许经营与经销的区别

经销是指从厂家或上游分销商处进货,在获得商品所有权后再出售商品的经营模式。一般来说,经销商是所有权独立、财务自主的批发商或零售商,不受给他经销权的企业和个人约束,并承担销售中的全部风险。

特许经营中,受许人也可能经销特许人提供的商品,但这只是特许经营活动的一部分,并非特许经营的本质。特许经营的本质是知识产权的授权使用。

微课 1-2:提升识骗防骗的职业能力,学会区别特许经营的经营模式

二、特许经营和特许经销的区别

特许经销主要是指经过特别许可认定的产品经销方销售产品,许可认定方一般为产品生产厂家。特许经销与特许经营有十分相似之处,即都是经过许可认定的。但是它们的区别也非常明显。

(一)授权范围

一般来说特许经销主要是产品销售权的授予,特许经销商只是获得产品专卖的权利,

并不一定有其他的权利。而在特许经营中,产品销售权的授予仅仅是授权的一部分而不是全部。

(二) 销售模式

在具体的销售模式上,特许经销一般不会有太严格的规定,但特许经营中一般都会有更具体的规定。

三、特许经营与直销的区别

直销是指厂商通过媒体广告、人员推销、电话销售、网络销售、直销店等方式直接向客户销售产品的一种销售方式。直销与特许经营的区别在于直销是厂商直接面对最终客户进行销售,而特许经营是通过受许人来销售产品和服务;并且直销主要是产品销售,而特许经营不是简单的销售商品,它包括商标、商号、专利等无形资产或某种商业模式的授权使用。

四、特许经营与传销的区别

传销是一种金字塔式销售模式,是传销商从销售产品及销售传销资格中获得利润,其发展途径基本上是他人介绍。在我国,传销不受法律保护。特许经营和传销的主要区别有以下四点。

(一) 经营核心

传销的核心是销售某种产品的传销资格,传销商通过发展下级传销人员或从下面多级传销人员的销售业绩中获得利润。而特许经营的核心是知识产权的许可使用。

(二) 法律文件

传销往往无须签署合同。而特许经营关系需建立在特许经营合同基础上。

(三) 信息披露

按照我国规定,开展特许经营的特许人必须按照规定对意向加盟者披露真实的有关信息。而非法传销组织为了诱导人们加入,往往夸大宣传或进行有意的误导。

(四) 经营资格

传销面对的主要是个人。而特许经营的受许方要经营加盟店业务,必须具备相关的经营条件,并在工商部门申请注册办理相关的营业手续。

知识点 3　特许经营与其他授权模式辨析

一、特许经营与代理的区别

代理是指代理人受被代理人的委托,以被代理人的名义或代表被代理人同第三方订立合同或办理与交易有关的其他事宜,被代理人向代理人支付一定数额的佣金作为报酬。特许经营和代理的主要区别有以下几点。

在代理模式中,代理人只是为被代理人的利益并按照被代理人意志行事,代理人的代理行为所产生的法律后果均由被代理人承担;而特许经营模式中,特许人和受许人都是独立的民事法律主体,受许人在其加盟店经营过程中与第三人发生的法律后果均由受许人自己承担。

特许经营模式中,特许人和受许人存在特许权授权使用的业务关系,且受许人需要缴纳特许经营授权费用;而在代理模式中,双方不存在特许权等知识产权的授权业务关系,一般来说代理人也无须缴纳授权费用。

二、特许经营与许可经营、品牌授权的区别

许可经营是指许可方与被许可方签订许可协议,授权被许可方在一定期间和范围内使用本公司的专利权、版权、商标及产品或工艺方面的诀窍等从事生产和销售,以向对方收取许可费用作为回报。

品牌授权也称品牌许可,是许可经营的一种,指授权者将自己所拥有或代理的商标或品牌等以合同的形式授予被授权者使用;被授权者按合同规定从事经营活动(通常是生产、销售某种产品或者提供某种服务),并向授权者支付相应的费用。品牌授权使用范围相当广泛,如文具、玩具、礼品、服饰、窗帘、餐具、家电、首饰、钟表、食品、饮料等。

许可经营、品牌授权与特许经营最大的相似点在于都涉及知识产权的授权使用并从中获利。它们最大的不同在于,在特许经营关系中,受许人须按照特许人统一的经营模式经营;而在许可经营或品牌授权中,往往只是对许可使用的范围、时间或商品质量有限制,一般不要求采取统一的经营模式,因而被授权方的自由度较大。

知识点4 特许经营与连锁经营的分析

特许经营作为一种现代化流通组织方式和经营形式,与连锁经营有所不同。

一、资本所有权不同

直营连锁体系内各个连锁店铺的所有权属同一资本所有,在管理上各连锁单店与公司总部之间是一种行政隶属关系,各连锁单店不独立承担民事责任。

而特许经营体系中各个受许人虽然需要向特许人缴纳加盟金和特许权使用费,但资本所有权却是独立的,受许人独立承担各自的民事责任,与特许人无关。从本质上说,同一资本所有是比较直营连锁和特许经营的关键。

二、管理模式不同

在直营连锁体系中,总部对各单店拥有所有权,对单店经营中的各项具体事务均有决定权,单店的管理完全按总部统一模式进行。

而在特许经营体系中,核心问题是特许权的转让,只要受许人向特许人支付了加盟金和特许权使用费就可以使用特许权。双方的关系主要通过签订特许合同而形成和维系,没有人事和财务上的隶属和控制,特许人对受许人的管理主要是通过支持和督导

方式间接进行和实现的。因此，直营连锁与特许经营是集中和分散的两套不同管理模式。

三、经营范围不同

从现实行业经营状况来看，直营连锁经营的范围一般仅限于商业和服务业等领域；而特许经营的范围则宽得多，除了涉及商业和服务业，还涉及制造业、农业、政府部门及文化教育界等不同的领域。

四、法律关系不同

在直营连锁体系中，总部和单店之间的关系完全由公司内部的管理制度进行调整和约束，不涉及特许合同问题，直营连锁被看作公司内部的集中化管理与分散经营关系。在特许经营中，特许人和受许人之间的关系是合同双方当事人关系，双方的权利和义务在合同条款中有明确规定，双方当事人要受特许合同的严格约束。因此，特许经营是两个公司之间的契约关系。

五、筹资方式不同

直营连锁规模的扩大要求总部筹集足够的资金，配备大批的管理人员，因而直营连锁的发展容易受到资金和人员的限制。特许经营主要是通过招募独立的企业和个人加盟到特许体系中的方式进行企业的扩张，特许人在吸引和选择受许人的同时吸纳加盟金和特许权使用费，并为受许人提供培训和服务，而无须向加盟商提供资金。

六、运作方式不同

自由连锁的运作方式是靠一项松散的横向联合协议将各个连锁店铺组织起来，各个连锁店铺的所有权是独立的，总部为各个连锁店铺提供某种管理、服务、协调或促进，它不涉及向各家店铺授予特许权的问题，不存在统一民事主体的强制管理，只要愿意连锁并符合一定的标准，就可以加入自由连锁体系。

特许经营的运作方式是一整套经营模式或将独特的商品、商标进行组合并转让给受许人使用，受许人付费获得特许权后就可以独立开展业务，而资本所有权仍归各个独立的受许人所有。

七、进出宽严不同

自由连锁可以自由退出，并可以在不违反合同的前提下广泛自由地展开营销策略。由此可见，自由连锁体系中成员店的经营自主权比特许经营多，各个成员店更像伙伴或合作的平等关系。

特许经营体系的加入与退出规定都比较严格，能否进入由特许人对未来受许人的选择条件和受许人的经营现状决定，能否退出则有合同的约束力决定，一般在特许经营合同期内不能自由退出。

微课 1-3：秉承不畏艰难的职业素养，深入认识特许经营的特点和原则

职业技能操练

工作项目

学生分组选择三家本地零售企业进行经营模式调研与分析。

项目背景

连锁企业根据其发展战略、经营定位及营销策略不同会选择不同的经营模式,每一种经营模式都有其显著的特征和优劣势,或者一家企业在其不同的发展阶段选择了不同的经营模式。通过对三家连锁企业的经营模式进行调研,对比各模式之间的异同,发现企业经营过程中的问题并对其提出建议。

工作目标

★ 至少走访三家连锁企业,了解其经营模式。

★ 根据企业经营模式调研企业现存问题。

★ 根据调研得出的问题进行分析评价,并提出建议。

工作计划

请将企业经营模式调研与分析计划填入表1-1-1。

表1-1-1 企业经营模式调研与分析计划表

工作要点	计 划 描 述
收集调研信息	
提出现存问题	
对比分析,提出建议	

工作实施

步骤一:调研连锁企业经营模式。

【基础任务】至少走访三家连锁企业,通过与总部人员沟通,收集连锁企业的经营模式。

经营模式:

步骤二:了解经营模式的现状并做对比。

【基础任务】对所选连锁企业的经营模式发展现状进行进一步调研,分析各企业经营模式的特点及优劣势,填入表1-1-2。

表 1-1-2　经营模式调研表

企业名称	经营模式	经营模式特点
各企业间经营模式现状对比分析		

步骤三：对经营模式进行分析评价。

【进阶任务】对标本节所学的模式之间的异同辨析，分析评价所调研企业的经营模式是否适合企业发展和市场需求，判断其属于哪种类型，分析其优缺点。

经营模式属于哪种类型：

经营模式是否适应企业发展：

分析原因：

经营模式是否适应市场需求：

分析原因：

步骤四：根据分析结果提出针对性建议。

【进阶任务】根据企业所选经营模式的现状分析，提出有利于连锁企业发展的建议。

改进建议：
....
....
....

工作项目评价

评价方式采用多元化评价，评价主体由学生、小组、教师与企业构成，评价标准、分值及权重如表 1-1-3 所示。

（1）学生对自己在工作活动中的职业核心能力进行自评，将自评结果填入职业核心能力自测表，见表 1-1-3。

表 1-1-3　职业核心能力自测表

（在□中打√，A 通过，B 基本通过，C 未通过）

职业核心能力	评 价 标 准	自测结果
自我学习	1. 能进行时间管理 2. 能选择适合自己的学习和工作方式 3. 能随时修订计划并进行意外处理 4. 能将已经学到的东西用于新的工作任务	□A　□B　□C □A　□B　□C □A　□B　□C □A　□B　□C
信息处理	1. 能根据不同需求去搜寻、获取并选择信息 2. 能筛选信息，并进行信息分类 3. 能使用多媒体等手段来展示信息	□A　□B　□C □A　□B　□C □A　□B　□C
数字应用	1. 能从不同信息源获取相关信息 2. 能依据所给的数据信息，做简单计算 3. 能用适当方法展示数据信息和计算结果	□A　□B　□C □A　□B　□C □A　□B　□C
与人交流	1. 能把握交流的主题、时机和方式 2. 能理解对方谈话的内容，准确表达自己的观点 3. 能获取信息并反馈信息	□A　□B　□C □A　□B　□C □A　□B　□C
与人合作	1. 能挖掘合作资源，明确自己在合作中能够起到的作用 2. 能同合作者进行有效沟通，理解个性差异及文化差异	□A　□B　□C □A　□B　□C
解决问题	1. 能说明何时出现问题并指出其主要特征 2. 能做出解决问题的计划并组织实施计划 3. 能对解决问题的方法适时做出总结和修改	□A　□B　□C □A　□B　□C □A　□B　□C
革新创新	1. 能发现事物的不足并提出新的需求 2. 能创新性地提出改进事物的意见和具体方法 3. 能从多种方案中选择最佳方案，并在现有条件下实施	□A　□B　□C □A　□B　□C □A　□B　□C
学生自我打分		

（2）学生以小组为单位，对本工作项目的实施过程与结果进行自评，将自评结果填入小组自评表，见表 1-1-4。

表 1-1-4　小组自评表

评价内容	评价标准	分值	评分
团队建设	团队合作紧密、互帮互助	10	
	工作态度端正、作风严谨	15	
	遵守法律法规和工作准则	10	
工作情况	计划制订周密、组织有序	15	
	按计划、高效率完成工作	20	
	工作成果完整且质量达标	30	
合　计		100	

（3）教师就专业操作能力对小组工作过程与结果进行评价，并将评价结果填入专业能力测评表，见表 1-1-5。

表 1-1-5　专业能力测评表

（在□中打√，A 掌握，B 基本掌握，C 未掌握）

业务能力	评价指标	测评结果	备注
调研企业经营模式信息	1. 调研信息的完整性 2. 调研信息的准确性	□A　□B　□C □A　□B　□C	
分析经营模式的优劣势	1. 准确分析经营模式现状问题 2. 合理评价经营模式的优劣势	□A　□B　□C □A　□B　□C	
提出改进建议	1. 根据企业发展提出合理建议 2. 根据市场需求提出合理建议 3. 根据企业定位提出合理建议 4. 改进建议的合理性	□A　□B　□C □A　□B　□C □A　□B　□C □A　□B　□C	
其他			

教师评语：

教师打分		教师签字	

（4）企业对小组工作过程与结果进行评价，并将结果填入企业评价表，见表 1-1-6。

表 1-1-6　企业评价表

关键考核指标	分值	得分
能完整调研企业经营模式信息	30	
能准确分析经营模式现状问题	30	
能合理提出针对性建议	40	
合　计	100	

(5) 根据上述结果填写综合评价表，见表 1-1-7。

表 1-1-7　综合评价表

自我评价(10%)	小组自评(10%)	教师评价(50%)	企业评价(30%)	综合评价

工作活动 2　分析界定特许加盟的问题

工作活动目标

(1) 掌握特许加盟对特许人的条件确认；
(2) 掌握加盟创业时要考虑的因素。

职业工作情境

小张经营的山西风味餐馆，在第四年有了一些起色。这段时间一家国际大型快餐店正在进入中国市场，该大型快餐店有意招募小张的餐馆特许加盟。小张面临着了解特许经营加盟相关知识的问题。

职业知识储备

知识点 1　特许加盟对特许人的条件确认

微课 1-4：恪守求真务实的职业道德，回顾了解特许经营的发展历史

受许人在加入特许经营体系前，要对特许人进行全面的考察，根据考察分析的结果才能决定自己是否加入特许经营体系。因为虽然加盟特许经营成功的例子不少，但并非所有的特许加盟都是成功的，所以加盟者在进一步选择时必须加以认真考察，以便做出理性的选择。为了将风险降到最低限度，加盟者必须对要加盟的总部即特许人从以下几个方面进行分析。

一、特许人资格确认

受许人的成功依赖于特许人总部的经营成功。正是因为总部的经营状况与受许人的成功息息相关，选择合适的特许人就显得十分重要。受许人选择特许人除了要考虑特许人所经营的行业、总部发展和经营现状、其他受许人对总部的评价、总部可提供的帮助和支援、合约的内容及加盟费用等，为了了解特许人的资格，请务必要求特许人提供以下信息和资料。

(1) 特许组织发展的详细历史。
(2) 特许组织的背景和经验。企业负责人、主要股东及管理人员的主要经历。
(3) 总部为什么采取特许经营，而不采取直接经营的方式发展自己的业务？
(4) 特许人是第一次从事特许经营吗？

(5) 特许人在开始出售特许权之前,进行了多少试点经营? 特许人具有哪些特许经营的经验或知识?

(6) 特许人为特许经营做了哪些准备工作?

(7) 在把该企业建成特许组织的过程中,总部投入了多少现金?

(8) 如何使受许人相信,特许人已进行了准确的市场调查,获得了充分的知识? 特许人有处理和解决日常问题的经验吗? 要求其提供有关试点经营的详细情况。

(9) 特许人如何应付特许组织网络的增加? 如何规划扩张和发展的基础结构?

(10) 影响和策划特许网络的发展和扩大,并与受许人打交道的高级经理人员是哪些?

(11) 能否证实高级经理人员中没有一人有以下经历:曾作为某一破产公司的主要负责人;曾参与了一个失败的特许经营规划;曾作为一名受许人而经营未获成功,或曾经被提起诉讼。

(12) 要求特许人提供以下详细情况:现在有多少受许人? 提供他们的姓名与地址,以及最近一段时间以来受许人的情况,包括一年前有多少受许人? 又有多少受许人流失了? 流失的原因是什么?

(13) 挑选受许人的标准和方法是什么?

(14) 要求特许人提供最近的审计账目的副本。

(15) 特许人能否证实已经为下一年的经营活动做好了财务安排?

(16) 要求特许人提供五年内的经营规划。

(17) 受许人能否从特许人的开户银行取得调查所需资料? 现有受许人对他们的特许人的看法和经验是特别重要的,尤其是早期的受许人对特许人的了解更深,有必要去征求他们的意见。

二、特许人竞争力状况确认

投资者选定了某个行业后,往往在同一行业会有很多特许者。要从这些公司中找出最具有竞争力的,而且最适合自己的,就必须对加盟总部进行科学细致的考察和评估。总的来说,考察加盟总部可以从以下几个方面进行。

1. 发展及其所处阶段

一般特许加盟总部处于特许权发展的何种阶段,可以从其加盟商的数量中得到反馈。

(1) 加盟商数量为1~10个,这时加盟总部还处于探索阶段。

(2) 加盟商数量为11~40个,这时加盟总部已渡过了最初的困难阶段,但仍然处于一个相对不稳定的阶段。在这个阶段,如果特许体系组织得不好,各种各样严重的问题就会相继发生。

(3) 加盟商数量为41~100个,这时特许体系比较成熟了。加盟总部有了良好的组织体系,并能从它的活动中获得合理的回报。在这一阶段,评价加盟总部主要是看它在多大程度上能够接受革新和进步,以及它对加盟商的服务如何等。

(4) 加盟商数量为100个以上,在这个阶段特许体系已完全成熟了,所有与评估加盟总部有关的信息都是明朗的。加盟总部能成功地采纳各种措施,同时它在市场中对各种发展机会做出迅速反应的能力也极大增强。

2. 财政状况

投资者要搜集的特许人的财政资料主要有以下几点。

（1）公司性质。公司性质是十分重要的，它能揭示公司的组成结构和承担责任的方式等。总部是上市公司还是非上市公司？如果是非上市公司，又是否是有限公司？公司的主要股东有什么背景及财力？公司现有资本及债务是多少？

（2）年度财务报告。投资者要尽可能索取一份年度财务报告，但投资者不能完全轻信报告中的数字，需经专业人士分析一下，以防被特许人以各种理由将盈利水平调高或调低的借口欺骗。

（3）利润来源。很多时候，公司的利润并非由特许经营加盟店带来的，而是由其投资项目带来的，例如铺位升值等。如果公司赚钱的方式主要不是来源于特许事业而是其他，那么最好还是不要选择这样的特许体系为妙。

（4）其他业务。大部分特许人都有其他事业，这是可以接受的，关键在于弄清楚各事业之间的商业关系和财务关系，我们要选择的是主要靠特许事业本身赚钱的公司。因为有时公司的总利润是由其他事业带来的，这反而会掩盖特许经营业务亏损的实情。

（5）销售记录报告。很少有公司会将各时期的销售记录公开给投资者，一般他们只提供预计销售额作为参考。但大部分预计都是用业绩最佳的样板店作为一种示范，因此投资者应谨慎。

3. 市场竞争力

有意加盟某个特许经营系统的投资者应通过各种渠道，了解该特许总部产品在市场上的销售情况、消费者对该产品的意见、该产品的独特之处、市场占有率和社会各方面的评论等，以便评估该总部产品在市场上的发展需求及竞争力。

4. 特许人企业管理水平确认

受许人在经营中在很大程度上依赖特许总部，接受他们的管理、帮助和服务。所以特许总部的管理水平是不容忽视的一环。其主要内容为以下几点。

（1）发展远景规划

任何一个没有发展远景规划的企业都不应当被考虑。同时，潜在的加盟者应当注意的是要学会甄别，不能盲目轻信，总部所提供的发展目标必须以事实为依据，才是可信的。

（2）组织结构

投资者应尽可能取得一份该总部的组织结构图，通过这份结构图能显示出公司的运作方式、管理职能、分配等事项。

（3）管理层的素质

公司管理阶层的才能和经验是公司不断发展的关键。管理者的才干表现为既有原则性，又有灵活性。其中，高层领导人的才能又是最重要的。了解总部高层领导人员素质的一个很好的途径是：从公司的手册中获取公司高层领导人员的创业经历和工作经验。如果总部是小型企业，投资者应在洽谈时向接待人员了解这方面的情况。

（4）员工流失率

流失率的高低，可以在一定程度上反映公司的管理水平及工作辛苦状况。当然，有些公司人员流失率低,可能是因为其薪酬福利较优厚。但就一般而言,特许加盟总部人员流失率不应当超过20%,否则属于不正常。

(5) 其他加盟店的经营情况

首先,投资者要对总部有多少加盟店,其盈利水平如何,做到心中有数。其次,投资者应对现有的加盟店进行调查,了解其对总部的经营和管理有何评价。最后,投资者应了解在过去一两年内有多少加盟店与总部终止了合同,及其终止合同的具体原因。

5. 特许人可提供支援确认

(1) 特许人应为受许人提供全面的培训课程,其中包括:如何做计划?如何申请银行贷款?如何选择适当地点?如何做预算?如何安排人力?如何进行商场日常作业,等等。

(2) 具体开业操作时,加盟者需要总部以丰富的经验加以指导,保证其事业得以顺利进行。由于加盟者各自的文化背景不同,管理手法不同,表现出来的服务素质也不同,因此总部通过编制操作手册,以建立共同标准。

(3) 特许人应为受许人提供开业后的各种后续服务,这些后续服务包括:提供货源、市场调查测试、改进产品品种和质量、实地监控、现场技术问题的解决、整体业务咨询、广告和公关促销等。

6. 特许人收费合理性确认

实践中特许经营总部收取费用的方式也不尽相同:有些总部一次结清,有的总部则逐项逐次列明费用;有些是一次性买断特许经营权,以后各不相干;但大多数是把收费期限定得较长,保留双方长时间的联系。由于方式多样,这就要求加盟者在签订合同时,应逐项细心研究,认清楚各种方法的利弊。

7. 特许人合作条件及合作内容确认

特许经营合同是联系加盟者与加盟总部之间关系的纽带,是维护加盟双方权利和义务的法律保证。前文我们已经提到,实际上,特许方和受许方的地位并不是完全对等的,表现在特许经营合同上的内容、合作条件由总部编制,甚至有很多是格式条款,即受许人不得随便加以变更。这可能在一定程度上影响受许人的利益,所以投资者要格外仔细研究,看清哪些条件是对自己非常苛刻和不利的,以选择最适合的特许组织帮助自己事业的发展。有关特许经营合同的内容将在工作情境7中详细介绍。

由于特许经营对缺乏经验的投资者有很大的吸引力,一些投机分子或商业骗子便利用人们对特许经营不了解而又感兴趣的弱点,钻法律的空子,使用种种手法,去骗取投资人的信任,进行各种诈骗活动。因此,投资者若想加入特许经营组织,在选择加盟总部时要小心谨慎,千万不要轻信某些人的一面之词,需自己判断分析。在考虑某项特定的特许权时,下列各项都是危险的信号,必须注意。

(1) 对方的宣传资料不详尽、不真实,缺乏数字资料,以及自夸可以令小投资者在短时间内赚取成倍的利润。

(2) 对方令你无法知道该公司的主管是谁,或者令你无法接触到公司的核心人物。

(3) 对方在没有让你有充分时间了解该公司业务的情况下,便要求你立即做出投资决定。

(4) 对方在很短的接触时间内便要求你购入一定数量的货品,然后要求你自己设法去分销。

(5) 对方表示你只要做出一笔投资,便可安坐家中分享利润。

(6) 金字塔类型的方案(注意:它们有可能不是被称为这个名字,它们可能被称为多层次分销或网络行销等一些其他的名字)。

(7) 有很多受许人都对特许人所提供的服务质量不满意。

此外,如果总部在第一阶段收费过高,又不提供第二阶段的服务;或总部把完全凭主观想象未经实践的业务形式拿出来以特许经营方式出售;或总部分销一些品质极差、本无销路、价钱很贵的商品,这些情况都有可能是借特许经营名义进行诈骗,加盟者在选择时要特别注意。

知识点2　加盟创业的考虑因素

一、选择并确定将要进入的特许经营行业的依据

第一,自己对什么行业感兴趣。这是很重要的,因为只有对一份事业热爱,人们才会投入百倍的精力和辛苦并乐在其中,才会在这个事业的运营中积极主动地去创新、去追求卓越。否则,潜在受许人就要在很长时间内不得不从事自己并不喜欢的劳作而备受痛苦折磨,同时以这种心态去从事事业也会降低工作效率,最终导致不仅事业没有做好,自己身心也并不愉快的"双败"结果。

第二,什么行业在潜在受许人准备开店的地方有良好的发展前景?虽然并不要求这个行业一定是"朝阳产业",但至少不能是"夕阳产业",或该行业至少在潜在受许人的特许经营加盟期限内不会处于衰败期。

第三,该行业的竞争状况如何。太过激烈的业内竞争意味着该行业可能是一个盈利性较好的行业,但同时也意味着可能存在较大的风险。潜在受许人要在风险和利益之间做好平衡,并根据自己是悲观主义者、乐观主义者还是中庸者的性格等来综合决定选择的行业。

第四,该行业的盈利性如何?因为加盟进入特许经营体系需要潜在受许人投资相当数额的资金,甚至是他们一生的积蓄。潜在受许人也对借助该特许经营体系实现更大的回报抱有很大希望,因此,加盟的行业必须具有令人满意的盈利性。但受许人还需要同时考虑行业的短期盈利性和长期盈利性的良好结合问题。

第五,行业的相关技术要求。虽然特许人一般都会培训并传授受许人行业经营的技术诀窍,但不同的行业对技术的要求是不同的,学习和掌握起来的难度也不相同,潜在受许人仍然应客观地评价自己或自己聘请的员工是否有能力在该行业内胜任技术性的工作。

第六,该行业所需要的员工能方便地招聘到吗?如果潜在受许人在其准备开店的当地或附近招聘不到合适的员工而不得不从外地招聘时,员工的使用成本及其能否适应当地社会文化、员工的忠诚度、地方政府就业政策的规定等都可能会给潜在受许人带来一些

麻烦。

第七,从事该行业,潜在受许人能得到来自家庭、朋友、社会的支持吗？无论如何,人们总是对不同的行业带有不同的观点,而潜在受许人通过加盟的特许经营方式创业不是一个短期的事情,而是一个较长时期里的人生规划。因此,潜在受许人需要周围人群的理解和支持,最好的办法就是选择一个能博得周围人群支持或至少并不反对的行业从事特许经营。

在选择行业的过程中,征求家庭成员、朋友、原单位同事、专家、特许人或盟主等的建议,对潜在受许人最终合理地作决策很有帮助。

二、做好特许加盟项目、产品/服务的选择

特许经营发展到今天,其所涉及的行业领域是相当广泛的。如何选择特许加盟项目和某一特定的特许人,是每一位潜在的特许加盟者在决定从事特许经营时,必须做出的两个重大的决定。

（一）特许加盟项目的选择

潜在受许人首先应对特许经营项目进行评估,包括该项目前景,该项目在本地区发展的密度,该项目是否适合自己。

1. 特许经营项目前景

任何一个项目的产品和服务都是有周期性的,只是这一周期有的长,有的短,其中每一个生命周期都包括该行业产品和服务的引进、成长、饱和、衰退这四个阶段。因此,投资人应了解自己将要加盟的项目在市场中究竟是处于上升时期,还是衰退时期？营业额增长如何？另外,衡量一个加盟项目发展潜力还应当认清其服务对象是大多数人还是少数人,加盟者应该选择服务对象较为广泛的特许经营项目。

2. 特许经营项目本地区发展密度

特许人所经营的项目在本地区的经营会不会太多、太快,是达到饱和还是有一定的需求,以及是否可以继续发展等,这些都需要仔细研究。如果选择了一个在本地发展已达到饱和的项目,造成同行业的恶性竞争,这对加盟者将来的经营十分不利。

3. 特许经营项目是否适合自己

俗话说得好,"尺有所短,寸有所长"。在选对所要从事的行业前提下,潜在受许人必须考虑自己擅长这个行业的哪些项目；是适合从事生产性特许经营项目、销售产品项目,还是技能、技术服务项目。

（二）特许加盟产品/服务的选择

要想取得成功,特许加盟者应当销售和营销一种生命周期较长而又独特的产品或服务。

特许加盟者必须确定这种产品和服务是否适合自己所处的市场,同时也必须注意类似的产品或服务是否已经存在。如果在同一市场已经存在一家经营良好且拥有大量客户群的直接竞争者,这将会使特许加盟商在建立新业务时困难重重。

如果特许加盟者对经营的产品和服务真正充满兴趣和热情,他将会获得事半功倍的

效果。而且，如果特许加盟者投资一项与其有密切联系的产品或服务，他将会获得个人价值和经济上的双丰收。

特许加盟者要想找到与自己的个性相符合的特许业务，最好的方法之一就是亲自与特许人的代表交谈，将自己的雄心壮志与特许人的要求做比较，很快就能判断出自己最终是否适合这项业务。如果特许加盟者希望了解更多的细节，参加特许经营行业的展览会能使特许加盟者接触特许公司的主要管理人员，从而了解更多的情况。此外，特许加盟者还可以同时比较不同的特许业务，以选择最适合自己的那个特许机会。

特许经营产品的分析要考虑以下问题。

(1) 产品是否新颖？是否比同类竞争者具有独特优点？
(2) 该特许业务是否经过检验是成功的？
(3) 该特许组织的实力如何？是否有耐久力？
(4) 该业务是否只是打着特许经营旗号的产品指定分销商或代理商？
(5) 该产品的市场状况如何，是处于上升的阶段还是已经渐近低谷？
(6) 这个市场的增长是否只是一种流行的、短暂的趋势？
(7) 这种产品的市场竞争力如何？
(8) 这种产品的价格竞争力如何？
(9) 这种竞争性能否持久地保持？
(10) 特许方所提供的产品的供应来源是什么样的？
(11) 产品在开业后能否长时间保证供应？其可能性有多大？
(12) 产品是否多档次？是否有不同质量或价格的产品可供选择？
(13) 这种产品是否建立在商标的基础上？
(14) 这种产品是否根据专利发明而生产？
(15) 这种产品在服务设施方面是否有足够的支持？
(16) 制造商或供货商是否有能力绕过此特许组织，建立他自己的有竞争力的特许体系？
(17) 该产品的商誉如何？
(18) 供货商的商誉如何？
(19) 假如这是一个刚从国外进入的成功的特许组织，它的产品在本地市场是否具有同样的影响力？是否已经在本国市场通过了试行？

特许经营服务的分析要考虑以下问题。

(1) 特许方所提供的是否是一种服务？
(2) 服务是否具有其特点，在与同类服务竞争的时候能否显现出它的与众不同？
(3) 该特许业务是否经过实践检验是成功的？该企业是否具有持久的实力？
(4) 该业务的市场状况如何？是处在上升的阶段还是已经走了下坡路？
(5) 这个市场的增长是否是个长期的趋势？
(6) 这种服务的市场竞争性如何？
(7) 这种服务的价格竞争性如何？
(8) 这种竞争能否保持下去？
(9) 这种服务是否有与众不同的服务标记？

(10)该服务是否建立在独特过程的基础上?

(11)该服务的商誉如何?

(12)假如这是一个刚从国外引进的成功的特许组织,它的服务在本市场是否具有同样的影响力?是否已经在本国市场通过了试行?

(三)做好特许加盟品牌的选择

拥有品牌优势的特许经营体系随着加盟店的增加,特许品牌的社会认同感会逐渐增强,并且这种认同感会表现出大品牌、知名品牌胜于一般品牌的现象。有过加盟经验的人都知道,如果要加盟一家特许经营餐饮店,例如选择"全聚德""小肥羊"等,就一定会比加盟一个不怎么知名的特许企业更容易获利。

特许经营体系必须能清楚地展示其新产品及对这一新产品的推广策略,而且在必要时会向特许加盟者提供协助。此外,一套成功的经营模式有助于加盟者轻而易举地在新的市场或地区扩展其业务。例如,国内外著名餐饮美食类特许品牌:重庆小天鹅火锅、德克士、赛百味、上岛咖啡、永和豆浆等。

特许经营行业的展览会可以提供接触不同行业的特许经营商的良好机会。现在,中国连锁经营协会每年都举办"中国特许加盟展览会暨特许加盟大会",每次展会都有国内外各行各业的特许经营企业向参观者展示它们成功的经营体系。参观者在展会上既可以了解国际著名品牌的加盟细节,又可以向业界专家们学习更多的特许经营知识。

职业技能操练

工作项目

进行本地企业加盟业务的考察,撰写加盟创业计划书。

项目背景

如果一个人想拥有自己的事业,首先应该仔细检查一下自己的态度、能力和长期目标。其次,在从事特许经营之前,潜在受许人应进行自我审查,明确自己的能力、弱点、兴趣、个性类型及工作能力。小张要加盟国际大型快餐连锁店,最主要的工作是制订特许经营加盟计划的可行方案。

微课1-5:恪守实事求是的职业道德,深入解析《商业特许经营管理条例》的要点

工作目标

★ 调研本地连锁企业加盟业务现状。

★ 分析企业加盟问题。

★ 制订创业计划书。

工作计划

请将撰写加盟创业计划书计划填入表1-2-1。

表1-2-1 撰写加盟创业计划书计划表

工作要点	计划描述
投资特许经营前的自我测试	

续表

工作要点	计 划 描 述
调研连锁企业加盟情况	
撰写加盟创业计划书	

工作实施

步骤一：投资特许经营前的自我测试。

【基础任务】填写表1-2-2,通过表格自我检测是否具有投资创业的潜质,了解作为创业人需要具备的素质。

表1-2-2 投资特许经营前的自我测试

以下有20道测试题,请选择最接近自己的选项。全部完成后再对比最后的评分标准,看看现在的你是否适合做加盟商。

请注意,这是要求你填写自己的真实想法和做法,而不是问你哪个答案最正确,备选项目也没有好坏之分。不要猜测哪个答案是"正确"的或者哪个答案是"错误"的,以免测验结果失真。

1. 你的年龄？
    a) 25岁以下或55岁以上
    b) 45～55岁
    c) 25～35岁
    d) 35～45岁

2. 你对体面的生活感兴趣吗？
    a) 当然,也许买的彩票中一次大奖就行
    b) 不知道,我觉得现在活得很舒服
    c) 当然,只要不用工作得太辛苦就行
    d) 我的机缘无限,肯定能通过自己的努力实现理想

3. 你明确自己的目标,并且准备坚持完成它们吗？
    a) 我没有编制目标学习习惯,有没有无所谓
    b) 我以前没试过,不过,如果你告诉我怎么做,我愿意试试
    c) 是的,我的目标就是通过投资创业,至于是自己独立创业还是加盟一个品牌还没想好
    d) 我的目标就是通过加盟一个好的品牌,在我喜欢的行业成就自己的事业,要不然我投资做什么

4. 驱使你通过加盟成就自己的事业的动力有多强？
    a) 我必须独立经营管理吗？我投资找别人经营吧
    b) 不太确定,让我想一想
    c) 如果我专心去做,我的加盟店成功只是时间的问题
    d) 我有能力通过加盟一个好的品牌而成为一名成功者

5. 你是否有足够的精力和体力去适应日复一日,甚至没有节假日的经营活动？
    a) 做了投资人就不用努力亲自经营加盟的项目
    b) 只要还能在周末和晚上休息就行
    c) 当然,我不在乎劳累,只要有钱赚
    d) 当然,为了自己的事业的成功我不惜任何代价

6. 你有足够的资金帮你渡过加盟业务开始时的困难时期吗?
   a) 我加盟的项目开始经营后,每个月的收入首先得还贷款(还债)
   b) 我最多能抵挡 3 个月的困难期
   c) 我预留了至少半年的流动资金
   d) 我在其他方面还有投资和收入,资金不是问题

7. 你的亲朋好友支持吗?
   a) 我想加盟后再跟他们说比较好
   b) 这一点我不太清楚
   c) 只要能让我高兴,他们都会支持我
   d) 他们会与我共进退,他们将是我创业规划的一部分

8. 你的个人意志有多强?
   a) 我不喜欢这个问题,它让我紧张
   b) 我自认为很坚强,只要外界的干扰不是很大
   c) 我坚信我的自我价值和我创造把握机缘的能力
   d) 坚如磐石,我就是自尊自信自强的化身

9. 你认为排除前进道路上的阻碍,努力完成任务是乐趣吗?
   a) 有些事情可能永远也完不成
   b) 哪有什么真正完成了的任务
   c) 虽然有时会直接避免障碍免得造成麻烦,但通常是这么认为
   d) 我一向这么想,也这么做

10. 你喜欢解决问题吗?
    a) 不,我讨厌有问题
    b) 特许商不是应该为我解决问题吗
    c) 是,我喜欢尝试解决各种问题
    d) 是,解决问题能力强是我最大的优势

11. 在急需做出决策的时候,你是否经常想"再让我仔细考虑一下吧"?
    a) 经常
    b) 有时
    c) 很少
    d) 从不

12. 你在决定重要的规划时常忽视其后果吗?
    a) 经常
    b) 有时
    c) 很少
    d) 从不

13. 你是否因不愿意承担艰苦的事情而寻找各种借口?
    a) 经常
    b) 有时
    c) 很少
    d) 从不

续表

14. 你是否为避免冒犯某个或某几个有相当实力的客户而有意回避一些关键性的问题,甚至表现得曲意奉承呢?
    a) 经常
    b) 有时
    c) 很少
    d) 从不

15. 你是否无论遇到什么紧急情况,都习惯先处理琐碎的、容易做的日常事务?
    a) 经常
    b) 有时
    c) 很少
    d) 从不

16. 你是否常来不及躲避或预防困难情形的发生?
    a) 经常
    b) 有时
    c) 很少
    d) 从不

17. 你是否有较强的心理承受能力去接受可能出现的挫折和失败?
    a) 加盟了还失败,特许商应该弥补我的损失
    b) 没经历过,到时候才知道
    c) 暂时的挫折我想还是能够承受的,只要最终能赚钱
    d) 投资嘛,收益与风险总是相伴的,只要我尽力了就无怨无悔

18. 你喜欢与人交往吗?
    a) 我不太擅长与人交往
    b) 我与人交往比较被动,一般与熟人交往多
    c) 我性格外向喜欢与人交往,只要是不讨厌的人
    d) 是,我擅长与各种不同背景、不同文化层次的人打交道

19. 你喜欢与人共事吗?
    a) 我只想一个人干
    b) 是的,和训练有素的人一起工作能提高效率
    c) 没错,不过不同的人要分别对待
    d) 正是因为和别人一起融洽共事才让工作变得有趣

20. 你喜欢让别人替你做自己不愿做的事吗?
    a) 经常
    b) 有时
    c) 很少
    d) 从不

计分标准:
1. 选 a)得 1 分;选 b)得 2 分;选 c)得 3 分;选 d)得 4 分。
2. 40 分以下说明你的个人素质与加盟者/创业者相去甚远,打工也许更适合你。
3. 40~49 分,说明你不算勤勉,应彻底改变拖沓、低效率的缺点,否则创业只是一句空话。
4. 50~59 分,说明你在大多数情形下充满自信,但有时犹豫不决。不过没关系,有时候犹豫也是一种成熟、稳重和深思熟虑的表现。
5. 60~80 分,说明你会是一个高效率的经营管理者,更会是一个成功的加盟商。你还在等什么呢?

自我评价总结：

步骤二：调研一家连锁企业的加盟业务。

【**基础任务**】对所选连锁企业的加盟业务现状进行调研，分析该企业加盟业务的特点及优劣势。

特许人资格确认：

特许人竞争力状况确认。

1. 发展及其所处阶段：

2. 财政状况：

3. 市场竞争力：

4. 特许人企业管理水平确认：

5. 特许人可提供支援确认：

6. 特许人收费合理性确认：

7. 特许人合作条件及合作内容确认：

总结该连锁企业特许模式并分析优劣势：

步骤三：撰写创业计划书。
【进阶任务】根据加盟创业考虑因素判断上述调研的连锁企业哪家企业适合加盟，并撰写加盟创业计划书。

特许加盟项目的选择：

特许经营项目前景：

特许经营项目本地区发展密度：

特许经营项目是否适合自己：

特许加盟产品/服务的选择：

做好特许加盟品牌的选择：

总结形成创业计划书：

工作项目评价

评价方式采用多元化评价，评价主体由学生、小组、教师与企业构成，评价标准、分值及权重如表 1-2-3 所示。

（1）学生对自我在工作活动中的职业核心能力进行自评，将自评结果填入职业核心能力自测表，见表 1-2-3。

表 1-2-3　职业核心能力自测表

（在□中打√，A 通过，B 基本通过，C 未通过）

职业核心能力	评估标准	自测结果
自我学习	1. 能进行时间管理 2. 能选择适合自己的学习和工作方式 3. 能随时修订计划并进行意外处理 4. 能将已经学到的东西用于新的工作任务	□A　□B　□C □A　□B　□C □A　□B　□C □A　□B　□C
信息处理	1. 能根据不同需求去搜寻、获取并选择信息 2. 能筛选信息，并进行信息分类 3. 能使用多媒体等手段来展示信息	□A　□B　□C □A　□B　□C □A　□B　□C
数字应用	1. 能从不同信息源获取相关信息 2. 能依据所给的数据信息做简单计算 3. 能用适当方法展示数据信息和计算结果	□A　□B　□C □A　□B　□C □A　□B　□C
与人交流	1. 能把握交流的主题、时机和方式 2. 能理解对方谈话的内容，准确表达自己的观点 3. 能获取信息并反馈信息	□A　□B　□C □A　□B　□C □A　□B　□C
与人合作	1. 能挖掘合作资源，明确自己在合作中能够起到的作用 2. 能同合作者进行有效沟通，理解个性差异及文化差异	□A　□B　□C □A　□B　□C
解决问题	1. 能说明何时出现问题并指出其主要特征 2. 能做出解决问题的计划并组织实施计划 3. 能对解决问题的方法适时做出总结和修改	□A　□B　□C □A　□B　□C □A　□B　□C
革新创新	1. 能发现事物的不足并提出新的需求 2. 能创新性地提出改进事物的意见和具体方法 3. 能从多种方案中选择最佳方案，并在现有条件下实施	□A　□B　□C □A　□B　□C □A　□B　□C
学生自我打分		

（2）学生以小组为单位，对本工作项目的实施过程与结果进行自评，将自评结果填入小组自评表，见表 1-2-4。

表 1-2-4　小组自评表

评价内容	评价标准	分值	评分
团队建设	团队合作紧密、互帮互助	10	
团队建设	工作态度端正、作风严谨	15	
团队建设	遵守法律法规和工作准则	10	
工作情况	计划制订周密、组织有序	15	
工作情况	按计划、高效率完成工作	20	
工作情况	工作成果完整且质量达标	30	
合计		100	

（3）教师就专业操作能力对小组工作过程与结果进行评价，并将评价结果填入专业能力测评表，见表 1-2-5。

表 1-2-5　专业能力测评表
（在□中打√，A 掌握，B 基本掌握，C 未掌握）

业务能力	评价指标	测评结果	备注
加盟潜质自我检测	1. 了解加盟者素质要求 2. 对自我认识清晰	□A　□B　□C □A　□B　□C	
调研连锁企业加盟业务	1. 准确分析连锁企业加盟业务情况 2. 合理评价连锁企业加盟业务优缺点	□A　□B　□C □A　□B　□C	
撰写加盟创业计划书	1. 准确分析连锁企业加盟业务情况 2. 准确认识加盟创业的考虑因素 3. 合理撰写加盟创业计划书	□A　□B　□C □A　□B　□C □A　□B　□C	
其他			

教师评语：

教师打分		教师签字	

（4）企业对小组工作过程与结果进行评价，并将结果填入企业评价表，见表 1-2-6。

表 1-2-6　企业评价表

关键考核指标	分值	得分
能清晰认知加盟者素质要求	30	
能准确分析连锁企业加盟业务	30	
能合理撰写加盟创业计划书	40	
合计	100	

(5) 根据上述结果填写综合评价表,见表 1-2-7。

表 1-2-7 综合评价表

自我评价(10%)	小组自评(10%)	教师评价(50%)	企业评价(30%)	综合评价

职业素养指南

特许经营加盟计划主要内容的编制

一旦创业者有了创业的想法,下一个极为关键的步骤就是制订详尽的创业计划。创业计划是一份文件,详细说明了创业者在开办新企业以前必须做好的一切准备工作。在编制计划的过程中,创业者必须深思熟虑所有关系到创办企业和经营企业的一切问题。大多数创业者都必须解决融资的问题,这就需要创业者去说服投资者对企业投资,这一点是创业计划的重要内容。研究表明,与没有制订创业计划的企业相比,那些对创业的所有细节都有通盘考虑并编制了详细的书面创业计划的中小企业取得成功的可能性大得多。为了吸引风险投资人或潜在投资者的兴趣,创业者要确保创业计划简明扼要并有竞争力。

不同的创业计划的细节可能各不相同,但成功的创业计划一般来说都具有一些共同的特征。

(1) 编制清晰的、催人奋进的公司发展愿景,营造激动人心的公司氛围。
(2) 编制明确的、切实可行的融资计划。
(3) 提供关于目标市场的详细信息。
(4) 提供关于行业和竞争对手的详细信息。
(5) 说明有效的企业管理团队的组成情况。
(6) 计划书格式美观大方,语言清楚,结构合理。
(7) 篇幅短小精悍,最好不要超过 3 万字。
(8) 摘要介绍可能会威胁到企业成功的关键风险。
(9) 说明启动资金和运营资金的来源及用途。
(10) 运用优美的语言来激发阅读者的兴趣。

素养讨论:请认真阅读上述资料,编写特许经营加盟计划的主要内容有哪些?具体实践操作过程中要注意哪些问题?

思政教育园地

利益共享,风险共担,互助共赢

新冠疫情的冲击,让不少餐企叫苦不迭,特别是一些大型的连锁直营品牌。先是西贝喊穷说贷款发工资撑不住三个月,随后八合里海记等的创始人表示要卖房卖车过艰苦日子,之后海底捞、西贝抵不住压力涨价又道歉。这让我们看到了直营连锁餐企的日子非常难。而那些体量大到有上千家到上万家门店的特许经营品牌,比如正新鸡排、杨国福、张亮麻辣烫、三顾冒菜、鱼你在一起等连锁加盟品牌却并未爆出资金紧张、扩张计划搁浅等消息。

我们知道,一个线下门店的拓展,意味着人力、房租的大笔刚性投入。在加盟模式下,品牌方把具有规模效应、低边际成本、可复制的产业环节放在总部,比如产品研发、品牌市场营销、供应链等中后台能力;对于其他的劳动密集型的环节,则放到终端门店让加盟商去承担,比如门店选址和装修、产品制作和交付等。

以绝味和周黑鸭为例,面对经营困难,采取加盟模式的绝味负责制造这部分的人工等相关成本,加盟商则负责门店的人工和租赁等相关成本,属于公司和加盟商利益共享、风险共担。这对公司的货币储备和现金流考验相较会小一些,抗风险能力也相较会强一点。而采取直营模式的周黑鸭,公司得承担从制造到门店环节的所有人工和租赁等成本,属于公司利益最大、风险自承,对公司的货币储备和现金流考验会更大,抗风险能力也相较会弱一点。

除此之外,我们还看到一众餐饮品牌向加盟店伸出扶持的手:张亮麻辣烫拿出3 500万元用于减免全球5 000多家门店的加盟费,其中湖北地区一年、其他地区半年;朝天门餐饮控股集团出台了全国加盟店帮扶政策,对全国加盟店提供每店价值12万元的帮扶方案;沪上阿姨减免了全国1 000家合伙人门店疫情期间的所有管理费;至尊比萨全国门店2、3月管理费全免,湖北地区门店免半年。

思政评析:特许人与受许人并非对立,只有实现互助才能共赢,也才能保障长久的收益和发展。

工作情境2

特许经营体系战略规划

➡ 情境目标

【知识目标】
(1) 了解特许经营可行性研究的重要性;
(2) 熟悉特许经营可行性研究的内容和方法;
(3) 熟悉和掌握特许经营可行性研究常用分析工具的使用;
(4) 熟悉和掌握特许经营可行性报告撰写的方法。

【技能目标】
(1) 能够使用PEST、SWOT分析法和波特五力分析工具进行分析;
(2) 能够编写特许经营可行性分析报告。

【思政目标】
以爱岗敬业、精益求精的大国工匠精神为契合点,以诚信经营、习近平总书记对"正确义利观"的精辟论述为职业素养引导,通过对连锁企业特许经营业务进行可行性分析,引导学生具有正确的职业理想、较高的职业品质和崇高的职业奉献精神,培养学生服务社会的责任和意识,为学生树立诚信为本、吃苦耐劳、敬业奉献、精益求精、专注创新等职业价值观。

➡ 情境导入

小李经营的狮子蛮王中式甜品店生意越来越红火,几个伙计帮忙打理已经忙不过来了。甜品店创新配方的手指饼、烤饼、果酱和彩格蛋糕深受高档社区孩子和家长的欢迎,而且开发的中式保健茶在网上销售得也不错。小小的甜茶店如何不断提升竞争力,实现卓越运营和可持续发展?每天晚上都累得不想干了,早上起来精神、体力恢复后又投入小店生意中的小李面临着发展问题。

开展特许经营业务,使小李能够全心投入甜点和保健茶配方研究中,开发新产品提升竞争能力,实现卓越运营和可持续发展。小李的甜品店要实现卓越运营和可持续发展,特许经营是必由之路。要运用特许经营利器,首先就要做好特许经营体系的战略规划和特许经营总部建设工作。

工作活动

工作活动 1　进行特许经营可行性分析
工作活动 2　制定特许经营的战略规划

工作活动 1　进行特许经营可行性分析

工作活动目标

（1）掌握特许经营可行性分析的内容；
（2）掌握特许经营可行性分析的工具。

职业工作情境

小李的甜品店要实现卓越运营和可持续发展，特许经营是必由之路。要运用特许经营利器，首先就要做好特许经营体系的可行性分析工作。

职业知识储备

知识点 1　特许经营可行性分析的内容

特许经营可行性分析包括企业外部环境和企业内部资源能力的分析内容，其核心内容主要是政策可行性分析、市场可行性分析、运营可行性分析、经济可行性分析、实施风险分析 5 个方面。

微课 2-1：养成勇于拼搏的职业素养，理解特许经营可行性分析的意义

一、政策可行性分析

政策可行性分析主要是通过对特许经营及相关行业的政策法规的研究和分析，了解法律法规和相关政策对企业开展特许经营的影响。

（一）特许经营政策法规的可行性研究分析

特许经营政策法规的可行性研究分析主要是了解开展特许经营的准入门槛，以及开展特许经营的相关要求。国务院 2007 年 1 月 31 日颁发的《商业特许经营管理条例》的第七条规定："特许人从事特许经营活动应当拥有成熟的经营模式，并具备为受许人持续提供经营指导、技术支持和业务培训等服务的能力。特许人从事特许经营活动应当拥有至少 2 个直营店，并且经营时间超过 1 年。"之所以要求"两店一年"，主要是为了防止一些企业利用特许经营进行欺诈活动。而且直营店具有一定的示范作用，便于其他经营者较为直观地了解特许人的品牌、经营模式、经营状况等。

微课 2-2：具有战略布局的长远意识，学习特许经营可行性分析内容

《商业特许经营管理条例》之所以强调特许人需要具备为受许人持续提供经营指导、技术支持和业务培训等服务能力，是因为特许经营不同于其他的商业模式，缺乏这些服务能力，受许人很难获得成功。

此外《商业特许经营管理条例》还对企业特许经营备案、信息披露、特许经营推广、特许经营合同等其他相关要求做出了详细规定。

（二）行业相关的政策法规分析

除了有关特许经营的政策可行性分析，还需要对计划开展特许经营业务的行业政策法规进行研究分析。对于一些行业来说，行业政策对开展特许经营有重大的影响。比如，最近几年出国留学、出入境、跨境旅游非常火爆，出国留学咨询和出入境中介服务机构也想借特许经营之力，快速进行市场扩张。但是有关出入境、出国留学、跨境旅游的行业政策非常严格，需要国家公安部及相关部委的审批。目前这些行业中能够获得审批资质的机构在全国只有数百家，因此对于想要广泛开展特许经营的企业来说，这是一个很大的政策门槛，因为即便签订了特许经营合同对加盟商进行授权，加盟商也很难获得从事该项业务的资质许可，没有资质许可就无法合法开展业务。当然，这样的机构也不是不能开展特许经营，而是说，特许授权的对象首先应该是已经具备许可资质或能够拿到许可资质的企业。由于这种政府授予的许可资质本身就是一种稀缺的经营资源，要将拥有这种稀缺资源的企业发展为受许人，除非特许人在品牌影响力、经营资源和管理能力方面具有突出的优势才有可能做到。

（三）其他相关的政策法规分析

国家宏观政策对所在的行业是鼓励支持政策，还是限制型政策，也是特许经营政策法规的可行性研究分析的一个方面。比如，2023年3月14日，在第十二届中国国际服务外包交易博览会新闻发布会上，商务部发表的演讲中提到"十四五"时期仍将是我国服务外包产业发展的重要机遇期。商务部服务贸易和服务业司副司长朱光耀表示，商务部将继续出台各类支持性政策措施，积极推动商品和要素流动型开放向规则等制度型开放转变，"边境上"准入和"边境后"监管相衔接，激发服务外包市场活力。专家认为，在一系列政策支持举措下，新兴数字化服务外包将加速发展，服务外包产业转型升级效果将不断显现，带动相关产业高质量发展。

另外，有关行业政策限制的情况也应引起重视。比如要发展网吧特许经营，就必须知道国家自北京"蓝极速"事件后颁布的一项规定，即《文化部关于加强因特网上网服务营业场所连锁经营管理的通知》。其规定了网吧特许经营的"10＋3"模式，即全国性连锁网吧只有10个特许经营权，省一级则只能有3个。这一规定是网吧特许经营者必须了解的，否则可能会因触犯法律法规而受到处罚。

二、市场可行性分析

市场可行性分析指通过对市场环境的研究，分析企图开展特许经营的业务的市场需求或者市场潜力、消费人群及在不同区域市场的适用性，以及消费趋势的变化等。主要研究的问题是企业的业务有没有足够的市场容量和市场空间，公司的产品、服务或技术在市场上是否具有竞争优势，消费者是怎样的消费心理和消费行为，未来可能发生什么变化等。

（一）市场前景分析

特许经营要想成功，好的市场前景很重要。如果一个企业的业务只是在过去和当前短时间内有市场,而缺乏长期的市场前景,就不会有加盟商加盟。即使有加盟商加盟,也会因为生意不能长期盈利而导致加盟商退出。

(二)竞争状况分析

可以采用经典的波特五力模型来分析主要竞争对手的情况及力量对比。在实际进行分析时,一般是专门挑几个最主要和最强劲的竞争对手来进行针对性的分析,并指出采取特许经营模式后给企业带来的竞争优势是什么。

(三)消费行为分析

例如,对影响消费者购买行为主要因素、消费者类型、消费者收入和支出的变化等进行分析,总结消费趋势情况。如果该产品或服务的顾客面非常狭窄并且数量有限,那么可能就不适合开展特许经营。

(四)消费趋势判断

消费趋势判断包括因为市场竞争、技术变革等因素可能引起的消费观念、消费偏好、消费行为的变化等。

三、运营可行性分析

这里的运营可行性分析,指的是从运营层面来看企业是否具备特许经营的可操作性,包括特许经营的可复制性、可控制性及支持能力分析等。

(一)可复制性分析

特许经营是对成功模式的复制和"克隆"。如果不能复制,也就很难成功地进行特许经营。可复制性分析的关键在于,产品或服务能否标准化、简单化。有的项目的成功,完全是依赖于其中某个关键技术性人员,而这种关键性岗位的人员很难通过较短时间的培训来胜任,这样要进行复制就存在瓶颈。比如,中式正餐连锁经营和特许经营之所以发展得比较慢,就是因为中式正餐很难标准化,菜品的好坏很大程度上是靠厨师个人的把握。而快餐容易连锁、容易特许经营,很大原因是快餐容易借助机械设备进行食品制作,对人的依赖程度低,产品能够进行标准化制作,从而使单店的复制变得容易。

例如,在教育培训行业,著名的新东方教育就不主张用特许经营的方式来进行扩张。他们认为,教师的教学风格品质非常关键,如果采取特许经营,教学质量就很难进行复制和把控,很容易走样。

还有就是一些非常个性化的经营项目,比如一些非常个性化的酒吧,如果开展特许经营,它的个性化就变成大众化了,就失去了原有的个性化特点。而且这样的项目,即使是开展特许经营了,由于其个性化太强,也很难保持真正的"原汁原味"。

(二)可控制性分析

由于特许经营中的受许人属于独立的投资和经营者,并且加盟店分布的地理区域往往比较广泛,因此开展特许经营还需要具备可控性。特许经营的可控性可能来自品牌、技术、商品服务或者原材料等。

(三)支持能力分析

如果企业不能给受许人加盟店的日常经营予以支持,就无法维持长久的特许经营合作关系，也无法使特许经营获得成功。这些支持包括品牌、营销、产品、技术、配送、培训及督导等各个方面，正是由于这些强有力的支持，才能吸引加盟商并使加盟商产生对特许人的依赖。

四、经济可行性分析

所谓经济可行性分析，指的是采取特许经营模式与采取其他经营模式相比较，是否具有经济性，以及开展特许经营对企业所带来的收益是否丰厚。

企业要进行扩张发展的方式有很多种，特许经营并非唯一选择，除了特许经营，还有直营连锁、经销、代理、直销、许可等，相对于其他模式，如果特许经营对企业有更多的好处和优势，那么就说明特许经营对企业更具经济性。

另外，特许经营并非真正的"一本万利"的神话，在特许经营模式设计、体系建设、推广招商等过程，以及后期的运营管理过程中，需要不少的投入。因此，企业需要通过认真的研究分析测算特许经营的投入产出，判断特许经营的投入是否能给企业创造真正的效益。

五、实施风险分析

如前所述，特许经营是一把"双刃剑"，运作不好可能会伤及企业自身。因此，有必要对企业开展特许经营可能产生的风险进行研究分析，并考虑相应的风险规避方法和策略。特许经营最大的风险是品牌风险，特别是对一些知名的品牌来说，如果受许人加盟店的产品和服务质量，或者经营行为出现问题，很可能影响到整个特许经营品牌。

另外，特许经营的风险还可能来自管理和财务上，如果缺乏完善的运作体系和有效的管控措施，特许经营可能达不到预期的目的，企业在特许经营方面的投入可能会付诸东流。

知识点 2　经常使用的可行性分析的方法

PEST 分析模型、波特五力模型和 SWOT 分析法是企业进行战略分析的常用方法工具，也给企业进行特许经营分析提供了良好的分析思路和框架。

微课 2-3：具有未雨绸缪的职业意识，运用特许经营可行性分析方法

一、PEST 分析模型

PEST 分析模型是用来进行企业外部宏观环境分析的常用方法和工具。宏观环境又称一般环境，是指影响一切行业和企业的各种宏观力量。对宏观环境因素进行分析，不同行业和企业根据自身特点和经营需要，分析的具体内容会有差异，但一般都应对政治、经济、社会和技术这四大类影响企业的主要外部环境因素进行分析。简言之，称为 PEST 分析法。

（一）政治环境

政治环境包括政府的方针、政策、法令等，具体包括经济体制、政府的管制、税法的改

变、环境保护法、产业政策、投资政策、政府补贴水平、反垄断法规等。对计划开展特许经营的企业来说,还包括特许经营相关政策法规、行业政策法规等。

(二)经济环境

经济环境主要包括宏观和微观两个方面的内容。宏观经济环境主要指国家的人口数量及其增长趋势,国民收入、国民生产总值及其变化情况,以及通过这些指标能够反映的国民经济发展水平和发展速度。微观经济环境主要指企业所在地区或所服务地区的消费者的收入水平、消费偏好、储蓄情况、就业程度等因素。这些因素直接决定着企业目前及未来市场大小。

(三)社会环境

社会环境包括一个国家或地区的居民教育程度和文化水平、宗教信仰、风俗习惯、价值观念、审美观点等。文化水平会影响居民的需求层次;宗教信仰和风俗习惯会禁止或抵制某些活动的进行;价值观念会影响居民对组织目标、组织活动及组织存在本身的认可与否;审美观点则会影响人们对组织活动内容、活动方式及活动成果的态度。

关键的社会因素包括结婚数、离婚数、人口出生率、人口死亡率、社会保障计划、人口预期寿命、人均收入、生活方式、平均可支配收入、购买习惯、储蓄倾向、投资倾向、平均教育状况、对退休的态度、对质量的态度、对休闲的态度、对服务的态度、对职业的态度、人口变化、宗教信仰状况等。计划开展特许经营的企业,主要分析会对企业开展特许经营有影响的相关社会文化环境因素。

(四)技术环境

技术环境除了要研究分析与企业所处领域的活动相关的技术手段的发展变化,还应及时了解国家对科技开发的投资和支持重点,该领域技术发展动态和研究开发费用总额,技术转移和技术商品化速度,专利及其保护情况等。

二、波特五力模型

迈克尔·波特是哈佛商学院的教授和竞争战略方面公认的权威,在其经典著作《竞争战略》中,他提出了行业结构分析模型,即所谓的"五力模型",认为供应商的议价能力、购买者的议价能力、新进入者的威胁、替代品的威胁、行业现有的竞争状况这五大竞争驱动力,决定了企业的盈利能力,并指出企业战略的核心在于选择正确的行业,以及行业中最具有吸引力的竞争位置。

企业利用五力模型分析法进行特许经营可行性分析的意义在于:第一,进一步认清行业成功的关键要素;第二,明确企业在行业中的竞争地位;第三,明确开展特许经营对企业的利弊关系;第四,帮助企业寻找获得竞争优势的策略和方法。

(一)供应商的议价能力

企业的上游供应商也称为卖方,供应商与企业讨价还价的能力被称为卖方力量。毫无疑问,如果卖方力量强,意味着对企业形成较大的压力;如果企业的力量能够超过卖方,则企业在讨价还价上占据主导地位。

卖方力量强大,主要是由于其提供的产品或服务比较稀缺,即市场供不应求,或产品具有一定的特色,不容易用其他产品来替代。但是,在当前整体市场处于买方市场情况下,市场竞争异常激烈,因此很多处于流通环节的批发商或零售商,通过连锁经营或特许经营的方式快速形成销售规模,进而在与供应商的合作上取得讨价还价的优势。小肥羊、苏宁电器、真功夫等就是这方面的典范,这也正是连锁经营和特许经营的规模优势和网点优势所在。

(二) 购买者的议价能力

购买者是企业的下游,也就是企业的客户,也称为买方。买方与企业讨价还价的能力被称为买方力量。在连锁经营和特许经营领域中,大多数的买方主要是普通消费者,因此相对于企业来说,买方的力量比较弱。但是,由于市场竞争激烈,顾客在进行消费时有多种选择,另外有的顾客也通过"团购"等方式,来向企业压价。因此,企业要在与买方的交易中获得优势,要么是形成市场垄断,要么在产品或服务上具有独特优势。

(三) 新进入者的威胁

新进入者在给一个行业带来新的活力的同时,也给企业带来竞争的压力。影响新进入者威胁的主要因素是行业的进入门槛,包括政策法规要求、投资规模、技术条件、经营管理水平等。比如,我国法律规定,企业开展特许经营,必须有两个以上且经营一年以上的直营店,这就提高了进入特许经营领域的门槛。

(四) 替代品的威胁

替代品就是能够替代企业产品或服务的其他产品或服务。例如,一个消费者为了打发闲暇时间,可以选择去电影院看电影,也可以去逛超市,这个时候对于超市而言,电影院就成了替代品。在用餐的时候,消费者可以选择西餐,也可以选择中餐,这个时候,中、西餐就互相成了替代品。替代品的威胁,有的时候对一些行业是致命的。因此,企业在进行特许经营可行性研究时,要考虑自身产品或服务是否具有先进性,是否会面临被替代或被淘汰的危险。

(五) 行业现有的竞争状况

行业现有的竞争状况是企业竞争分析最常规的内容。其主要分析的内容包括整体市场竞争的激烈程度、主要竞争性企业的竞争优势及其具体表现。竞争对手的竞争优势可能表现在品牌、经营模式、产品、技术等方面,也可能表现在内部管理、配送、服务等方面。行业内现有竞争分析,便于企业决定是继续参与竞争,还是退出竞争;如果继续参与竞争,应该如何体现自己的竞争优势。

三、SWOT 分析法

SWOT 分析是对企业的优势(strength)、劣势(weakness)及面临的机会(opportunity)、威胁(threat)进行综合分析,进而找出企业发展策略的一种分析方法。

SWOT 分析是将企业内外部条件的各个方面进行综合和概括,优劣势分析(SW)主要是组织自身的实力及其与竞争对手的比较;而机会威胁分析(OT)则主要是对企业环境的变化及其对企业产生的影响进行预测。但是,外部环境的变化对具有不同资源和能力的企业带来的影响可能是完全不同的,因此 OT 分析与 SW 分析两者之间又有紧密的联系。

(一)企业内部优势、劣势分析

所谓优势,就是指与竞争对手相比,自身拥有的能够超过竞争对手的资源或能力。当然,这些资源和能力,应该是企业发展特许经营获得成功的关键要素,包括企业的行业地位、品牌、产品、服务、商业模式、资金、人力资源、管理、技术等方面。但一些与发展特许经营或企业发展无关的因素,没有必要列入企业的优劣势分析的范畴。

(二)企业外部机会、威胁分析

企业存在于一个商业的生态环境中,其发展特许经营也会受到各种外在环境的影响,这些影响有时候甚至是胜败的决定因素。因此,进行外部环境的机会与威胁分析,是非常有必要的。这些外部环境因素包括政策法规、市场供求关系、市场竞争关系、消费习惯、技术变迁等。

(三)SWOT 的综合分析与结果应用

利用 SWOT 分析方法的根本目的,是更加清楚地识别企业开展特许经营所面临的外部环境及企业自身的优势和劣势,进而确定企业开展特许经营的正确的方向,并且经过分析,可以确定企业应该如何把握机会、规避威胁、发挥优势、克服劣势(见图 2-1-1)。

	优势 S	劣势 W
机会 O	SO 战略 ——如何发挥优势、利用机会	WO 战略 ——如何利用机会、克服劣势
威胁 T	ST 战略 ——如何利用优势、规避威胁	WT 战略 ——如何减小劣势、规避威胁

图 2-1-1　SWOT 模型分析图

知识点 3　特许经营可行性分析报告的撰写

作为可行性研究工作的成果文件,一般来说,最终形成的书面文件就是《特许经营的可行性分析报告》,可行性报告既是对可行性研究工作进行系统化总结梳理的一种方式,也是进行项目讨论沟通及决策的依据。需要说明的是,可行性分析报告虽然与商业计划书内容有些近似,但二者还是有区别的。可行性分析报告侧重于项目可行性的论证,而商业计划书侧重于阐述项目的具体运营操作及资金需求预测与使用。另外,在很多情况下,可行性分析报告是商业计划书的前置文件。所谓前置文件,也就是说,商业计划书往往是在可行性分析报告结论的基础上编制形成的。

可行性分析报告的内容形式因不同项目情况而有所不同。但是,从总的结构方面,可行性分析报告主要包括摘要、主体、附录三个部分。

一、摘要部分的撰写

撰写可行性分析报告的目的是沟通和决策,因此应该符合"金字塔原则"的叙述。所谓"金字塔原则",就是在商务文书写作或沟通中,为了提高沟通的效率,采取先阐述结论,再阐述论据和细节的叙述方法。

可行性分析报告的摘要部分,就是这个"金字塔"的塔顶。因此,摘要是对整个可行性分析报告的最高度的概括,要以最精练的语言来表述可行性研究分析的关键结论和关键问题,让报告的阅读者在一开始就对可行性分析报告有一个整体性的把握,并对其中的关键结论或观点有一个预先的了解,从而引起进一步阅读报告主体部分的兴趣。

撰写摘要时应该注意以下几个方面:一是摘要部分虽然位于可行性分析报告的前面,但是在撰写时是放在最后来撰写的;二是摘要部分一定要言简意赅地概括可行性分析报告的主体部分的核心内容,结论、观点或关键性问题一定要突出;三是摘要部分的内容不要太长,一般来说一页左右最为合适,阅读者在5分钟之内能够看完,否则冗长的内容往往会让人浪费了时间又不能抓住关键问题。

二、主体部分的撰写

主体部分是整个可行性分析报告的核心内容。这一部分的内容要翔实具体,思路清晰缜密,具有说服力。一般来说,特许经营可行性分析报告的主体内容包括以下几个部分。

(一)企业外部环境分析

企业外部环境分析包括宏观环境分析、行业状况分析、市场及市场竞争状况分析等内容。企业外部环境分析的关键在于分析行业发展的趋势,揭示企业开展特许经营所面临的机会与威胁。

(二)企业内部资源能力分析

企业内部资源能力分析一般包括企业的背景、经营理念、愿景目标、发展现状、核心资源等。如果企业已经开展直营连锁,那么对企业现有连锁经营的状况要进行较为深入的分析。因为直营连锁是开展特许连锁的重要基础,直营连锁的成功或失败、经验或教训,往往对是否能开展特许经营具有重要的参考价值。企业内部分析的关键点,在于分析企业开展特许经营具有什么样的优势和劣势。

(三)SWOT分析

SWOT是通过前面的外部环境分析和企业内部分析,对企业的优势、劣势、机会、威胁逐一进行分析,找出企业发展的方向和关键策略。一般来说,在特许经营可行性分析报告中,通过SWOT分析,揭示对企业来说特许经营是否适合作为企业的发展战略方向。

(四)发展特许经营对企业的影响分析

这一部分应该介绍特许经营的基本特征及其对企业的影响,主要阐述特许经营对企业来说具有哪些好处,当然也可能包括特许经营对企业来说不利的地方。

(五)特许经营的可行性分析

前面的几个部分,主要是从宏观的层面来考虑企业是否应该开展特许经营。如果结论是"应该",那么还有必要从操作层面对特许经营的可行性进行论证,包括可复制性分析、可控制性分析、支持能力分析、经济效益比较分析等。

(六) 开展特许经营的基本构想

如果特许经营对企业来说是利大于弊,并且具备特许经营的可操作性,那么接下来就是分析企业开展特许经营的一些基本设想,比如特许经营的发展目标、采取什么样的模式等。

(七) 特许经营风险与对策

尽管特许经营是一种很有优越性的经营模式,但是对企业来说,开展特许经营也存在风险。因此,在可行性分析报告中,需要对所存在的风险进行深入分析,并尽可能提出防范风险的对策和方法。

在主体部分的最后,一般要对开展特许经营的实施计划有一个基本介绍,包括基本的内容步骤、时间计划、资金预算等。

三、附录部分的编写

附录是对主体部分的补充,是可行性分析报告的重要组成部分。为了使正文言简意赅,许多不能在正文中尽言的内容可以放在附录部分。特别是一些市场调查结果、统计数据、图表、相关政策法规、有关的辅助证明材料等,都应该放在附录部分,供一起交流讨论的人员或者决策者进行参考。

一般情况下,特许经营可行性分析报告的附录应该遵循以下基本准则。一是可行性分析报告必须与附录分开,特别是附件内容比较多的时候,甚至应该把附录分开来装订,这样便于阅读。二是附录内容应该是为可行性分析报告提供必要的补充材料,但不必把所有的东西都放进附录部分。在附录中,只编写那些你认为确实可以增加正文力量的内容,让附录确实起到对整个可行性分析报告的强力补充作用。三是附录内容必须尽可能简短,避免长篇大论,空洞无物。

职业技能操练

工作项目

撰写特许经营可行性分析报告。

项目背景

模拟一个特许经营企业或者以一个真实的特许经营企业为例,对其进行可行性分析,掌握可行性分析的步骤、内容、方法及撰写可行性报告。

工作目标

★ 掌握特许可行性分析的内容。

★ 掌握特许可行性分析所运用的分析方法(PEST、SWOT、波特五力分析模型)。

★ 学会特许可行性分析报告的内容、结构、格式。

工作计划

请将连锁企业特许经营可行性分析报告计划填入表 2-1-1。

表 2-1-1　连锁企业特许经营可行性分析报告计划表

工作要点	计划描述
明确可行性分析的内容	
正确使用分析工具	
正确撰写可行性分析报告	

工作实施

步骤一：收集特许经营企业信息。

【基础任务】选择本地一家开展特许业务的企业对其调研。

企业基本信息：_____

_____

特许业务情况：_____

_____

步骤二：明确特许经营可行性分析的内容。

【基础任务】特许经营可行性分析主要是通过市场的调研，对特许经营扩张的必要性、充分性、可行性、影响力等进行系统的分析和研究，形成可行性报告，再通过理性分析和数据论证，判断是否可以利用特许经营模式拓展市场。

政策可行性分析：_____

_____

市场可行性分析：_____

_____

运营可行性分析：_____

_____

_____

经济可行性分析：_____

_____

_____

实施风险分析：_____

_____

_____

步骤三：选择合适的分析方法。

【基础任务】特许经营可行性分析主要是通过使用 PEST、SWOT 及波特五力分析方法进行分析，正确使用分析工具是至关重要的，选择一种适合该企业的分析方法，对该企业进行可行性分析。

PEST 分析：_____

_____

_____

波特五力分析：_____

_____

_____

SWOT 分析：_____

_____

_____

步骤四：撰写可行性报告。

【基础任务】明确可行性报告的内容、结构、格式，根据前期调研分析结果进行规范的可行性分析报告的撰写。

封面：_____

_____

_____

前言：_____

_____

目录：

企业基本情况介绍：

特许经营项目背景及发展状况：

企业综合环境分析：

特许经营项目的实施计划：

特许经营项目的可行性分析：

项目风险分析与提示：

可行性研究报告附件：

工作项目评价

评价方式采用多元化评价，评价主体由学生、小组、教师与企业构成，评价标准、分值及权重如表2-1-2所示。

（1）学生对自我在工作活动中的职业核心能力进行自评，将自评结果填入职业核心能力自测表,见表 2-1-2。

表 2-1-2 职业核心能力自测表

(在□中打√,A 通过,B 基本通过,C 未通过)

职业核心能力	评 估 标 准	自测结果
自我学习	1. 能进行时间管理 2. 能选择适合自己的学习和工作方式 3. 能随时修订计划并进行意外处理 4. 能将已经学到的东西用于新的工作任务	□A □B □C □A □B □C □A □B □C □A □B □C
信息处理	1. 能根据不同需求去搜寻、获取并选择信息 2. 能筛选信息,并进行信息分类 3. 能使用多媒体等手段来展示信息	□A □B □C □A □B □C □A □B □C
数字应用	1. 能从不同信息源获取相关信息 2. 能依据所给的数据信息做简单计算 3. 能用适当方法展示数据信息和计算结果	□A □B □C □A □B □C □A □B □C
与人交流	1. 能把握交流的主题、时机和方式 2. 能理解对方谈话的内容,准确表达自己的观点 3. 能获取信息并反馈信息	□A □B □C □A □B □C □A □B □C
与人合作	1. 能挖掘合作资源,明确自己在合作中能够起到的作用 2. 能同合作者进行有效沟通,理解个性差异及文化差异	□A □B □C □A □B □C
解决问题	1. 能说明何时出现问题并指出其主要特征 2. 能做出解决问题的计划并组织实施计划 3. 能对解决问题的方法适时做出总结和修改	□A □B □C □A □B □C □A □B □C
革新创新	1. 能发现事物的不足并提出新的需求 2. 能创新性地提出改进事物的意见和具体方法 3. 能从多种方案中选择最佳方案,并在现有条件下实施	□A □B □C □A □B □C □A □B □C
学生自我打分		

(2) 学生以小组为单位,对本工作项目的实施过程与结果进行自评,将自评结果填入小组自评表,见表 2-1-3。

表 2-1-3 小组自评表

评价内容	评 价 标 准	分值	评分
团队建设	团队合作紧密、互帮互助	10	
	工作态度端正、作风严谨	15	
	遵守法律法规和工作准则	10	
工作情况	计划制订周密、组织有序	15	
	按计划、高效率完成工作	20	
	工作成果完整且质量达标	30	
合 计		100	

(3) 教师就专业操作能力对小组工作过程与结果进行评价,并将评价结果填入专业能力测评表,见表 2-1-4。

表 2-1-4 专业能力测评表

(在□中打√,A 掌握,B 基本掌握,C 未掌握)

业务能力	评价指标	测评结果	备注
明确可行性分析的内容	1. 准确了解分析内容 2. 调研信息的准确性	□A □B □C □A □B □C	
正确使用分析工具	1. 了解分析工具 2. 准确使用分析工具	□A □B □C □A □B □C	
正确撰写可行性分析报告	1. 了解报告格式、内容及要求 2. 正确撰写分析报告 3. 分析报告的合理性	□A □B □C □A □B □C □A □B □C	
其他			

教师评语:

教师打分		教师签字	

(4) 企业对小组工作过程与结果进行评价,并将结果填入企业评价表,见表 2-1-5。

表 2-1-5 企业评价表

关键考核指标	分值	得分
明确可行性分析的内容	30	
正确使用分析工具	30	
正确撰写可行性分析报告	40	
合　　计	100	

(5) 根据上述结果填写综合评价表,见表 2-1-6。

表 2-1-6 综合评价表

自我评价(10%)	小组自评(10%)	教师评价(50%)	企业评价(30%)	综合评价

工作活动 2　制定特许经营的战略规划

工作活动目标

(1) 掌握特许战略规划的内容;
(2) 掌握特许战略规划的步骤。

工作情境2　特许经营体系战略规划

职业工作情境

当特许经营体系的高层管理者评价他们的组织在宗旨、目标和战略方面的现状时，战略管理过程就开始了。管理者研究组织的内部环境和外部环境，以确定可能需要改变的战略因素。组织内部或外部发生的事件或许会告诉我们，需要重新确定组织的宗旨或战略，或者在公司层面、业务层面或职能层面上制定新的战略。

微课2-4：强化识变应变的成长思维，理解特许经营战略规划的意义

职业知识储备

知识点1　特许经营战略概述

一、战略与战略规划的概念

关于战略，不同的学术流派有不同的定义。综合起来，战略是企业为了实现长期经济效益，所制定的从现在到未来一段时间内的商业目标、方向，以及相应的行动路径和关键方法策略。

微课2-5：强化服务至上的职业观念，了解特许经营的战略支撑体系

二、进行特许经营战略规划的意义

第一，制定战略规划的过程可以使习惯于"低头拉车"的中小特许经营企业有机会"抬头看路"，审视一下企业目前和未来发展的经营环境和经营能力，促使经营者将内部资源优化与外部环境因素结合起来，思考和确定企业发展的战略目标、战略措施等全局性的问题，从而为企业绘制航线，以便特许经营企业航行在市场这个海洋之中。

第二，特许经营企业总部在特许经营体系中居主导地位。有的特许经营总部往往重视加盟过程及市场策划的管理，却容易忽视战略管理，从而使企业缺乏长远的发展规划，也使得整个特许经营体系缺乏共同努力的长远方向，整体绩效低下甚至混乱。因此，战略规划有助于特许经营体系从总部到加盟店，从最高决策者到普通员工的整体协调。

第三，战略的本质是通过内外环境分析后，确定适合特许经营企业的目标、方向及关键策略，使特许经营企业获得长久的竞争优势。

需要说明的是，尽管明晰的战略对特许经营企业非常重要，并且有着诸多的好处，但是战略并不是一成不变的。事实上，战略管理的核心是基于对企业外部环境或内部情况的动态研究并进行正确的决策。战略的形成过程既是一个判断与设计的过程，又是一个依靠直觉来想象的过程，还是一个逐步学习的过程。战略既具有变革性，又具有相对的稳定性。但即便如此，企业不能没有战略。特别是特许经营企业，没有战略规划就如同一支没有航向的船队，最终可能分崩离析或是迷失在茫茫海洋中。

知识点2　特许经营战略规划的步骤与内容

特许经营企业制定战略规划通常分为三个阶段，第一个阶段是战略分析，第二个阶段

是战略目标制定,第三个阶段是战略规划。

战略分析主要是对特许经营企业的外部环境和内部资源能力情况进行调查分析,了解企业的优势和劣势及企业面临的机遇和威胁。战略分析是战略目标制定和战略规划的基础。上节中特许经营可行性分析的内容和方法与战略分析大致相当,在此不再重复。

战略目标是指特许经营企业经过战略的实施,在未来的发展过程中,预测在一定时期内要应对各种变化所要达到的总体经营成果指标。这是特许经营企业战略的出发点和归结点,在特许经营战略体系中处于主导地位。战略目标往往是由多个目标项目组成的战略目标体系,例如,某特许经营企业的战略目标是在 3~5 年内在全国范围以特许经营的发展方式建立起 2 000 家连锁店,年销售规模达到 80 亿元,成为本行业最大的特许经营企业。

战略规划是指当战略目标确定以后,考虑使用什么手段、什么措施、什么方法来达到这个目标。

一、阶段发展目标

特许经营阶段发展目标,是对特许经营总体战略目标的分解,也可以称为特许经营发展的节奏。成熟的特许经营企业,如麦当劳、肯德基等,都有着清晰的战略发展节奏,在开始的时候,特许经营发展的速度比较慢,随着体系和模式的成熟,不断加快发展的速度。目前国内有不少特许经营企业,认为可以一边发展特许经营业务,一边完善特许经营体系和模式,在还没有特许经营标准的时候就想让人来加盟,但如此实施的最终结果,是既没有发展又没有完善,甚至全军覆没。

二、市场发展范围

市场发展的范围是全国性还是区域性的发展,这方面的战略考虑对很多特许经营和连锁经营企业已经越来越重要。目前,很多成功的特许经营企业,如小肥羊、百果园、全聚德、大娘水饺等都是先立足区域发展,再面向全国扩张。而有不少特许经营企业,不管天南地北,只要有人来加盟就签约授权。但是由于这类特许经营企业的网点过于分散,在任何一个区域市场都难以获得优势,因此随着市场竞争的加剧,这类企业已经越来越难以获得成功。

三、连锁模式选择

特许经营是连锁经营模式的一种。特许经营企业在考虑连锁发展时,需要结合企业内外环境及资源能力状况,选择适合企业发展的连锁模式。事实上,很多企业都是采取直营与特许混合发展的策略,这个时候需要明确直营与特许各自的比重,以及各自的市场范围和发展节奏。需要说明的是,无论是直营还是特许,要想获得成功,企业都必须具备连锁经营的成功要素。

知识点 3　特许经营体系战略的规划

一、特许经营体系的宗旨

确立特许经营体系宗旨是规划的首要内容。特许经营企业要生存下去,必须有社会目标和经济目标。特许经营企业用来实现整体宗旨的方法应该在招募受许人之前就确立好,否则随着企业发展和产品/服务的变化,宗旨会变得模糊不清,或者当市场条件变化到一定程度时,原来的宗旨会不适合企业发展。

为了编制出完善的宗旨说明书,一个成功的特许人必须明确以下问题。

(1) 宗旨说明书必须体现企业家、受许人及雇员共同的机遇、挑战和动机。

(2) 应该阐明特许经营企业经营的目标市场或商业领域。一个目标市场可以通过所提供的产品/服务、目标顾客群、需要满足的顾客需求等因素,或者这些因素的组合进行描述。

(3) 需要注意的是,随着经济发展变动性和不稳定性的增加,一个公司的宗旨说明书更应强调顾客而非产品,尽量避免采用具体、狭隘的词语。

二、目标和策略层次

特许经营企业战略规划的第二个内容是根据宗旨说明书来编制一套详细的辅助目标,从而实现企业的主要功能,并建立、维持和发展企业的营销网络。目标要体现营销、金融、人力资源和经营等功能,并且按照重要性排列成不同层次。营销目标清晰明了地指明特许经营企业的总体方向。在这个层次结构中,必须列出实施营销策略的具体计划以便提供尽可能多的令人满意的目标或预期结果。只有这样,企业家才能更加清楚如何规划、组织和控制特许经营组织的管理活动。

三、符合公司优势的定位

基于以上两个方面的内容,特许经营要选择一个合适的定位,使特许经营企业在行业中能够实现其经营目标。该定位应该是行业中竞争者的总产品、服务线的一部分,或根据顾客群的规模、收入水平和地点等特征预先确定的目标顾客群。总之,寻找合适定位的原因是要确认产品或服务的目标顾客群。如果特许经营组织选择正确,它的定位是竞争者没有进入或没有完全进入的领域,这个定位就可以带来盈利和企业发展。企业应该选择一个能够使其在日益激烈竞争中取胜,为顾客提供优质服务的市场定位。

当然,慎重选择市场定位的战略优势并不阻碍特许经营企业在多个市场中寻求发展的目标。随着企业在行业与市场上的发展与经验积累,它可以选择增加产品或服务线,高效优质地为顾客提供服务。例如,一家侧重于报酬、账户支付/收入和盘存核算体系的会计和商务服务公司可以增加其他服务,如审计、税收准备或信息管理系统的咨询。又如,一家特许经营快餐店可以拓展其营业范围,如供应早餐。而一家家庭特许经营清洗店可以为家居清洁提供更多的选择,如护理草坪或修理小家具等。

特许人主要通过某些扩张形式来增加利润。问题是在于通过顾客线进行扩张还是通过产品/服务线或两者并用来扩张。图2-2-1说明了特许组织寻求发展的扩张矩阵。特许人可以通过在新的地点提供相同的产品或服务以吸引更多现有的目标顾客,或寻找新的顾客类型推销现有的产品或服务,或扩展产品或服务线。这种扩张通常包括提供产品或服务以补充原有的产品或服务线。

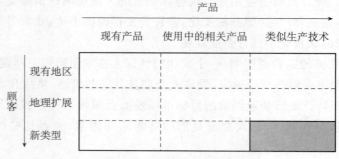

图 2-2-1　特许经营扩张矩阵

四、产品/服务

通常，特许经营企业为了获取企业的整合效应而选择扩张。如果两个单独行为联合作用时产生的效果超过各自独立作用的效果，就产生综合整合效应。有时这也被称作是"1＋1＝3"效应。例如，在饭店中同时经营一家特许经营汽车旅馆，使汽车旅馆成为旅游者更方便的停留场所。这样的目的显然是为增加销量，超过了饭店或汽车旅馆各自独立经营、在相隔一二千米的地方各自经营的销量。另一个例子是特许饭店扩展其业务，增加了早餐供应。用这种方式可以争取到更多顾客光顾这家饭店享用午餐或晚餐，而不仅仅是一天只用一餐。

因为整合效应是特许人扩张目标的一部分，所以应该仔细权衡采用的方式。图 2-2-1 还表明了预期扩张选择落空的区域。当特许经营企业脱离了现有的顾客或现有的产品或服务，整合效应就消失了，具体情况如图 2-2-1 所示，要求出现新顾客并且提供新产品或服务，由于其不存在特许经营整合效应，特许人为新的顾客提供新的产品或服务应通过整合扩张方式来进行。通常，寻求扩张的特许经营企业会考虑以整合的方式联合各自的市场位置来补充或加强各自力量。特许人在扩张前应仔细规划，避免损失企业在现有的产品或服务和现有的顾客群体上已经取得的利益。

一旦企业的市场定位已经确定并与企业的主要优势（独特特征或业务方式）相关，无论特许人何时想要扩张，都应考察扩张模式，即沿袭产品/服务线或顾客线。特许人进行扩张决策时，应该再三考察战略市场规划的下一步和最后一步。

五、持续发展的营销策略

无论企业的规模是大还是小，企业进入市场与发展都有几种基本选择。我们在考虑这些选择时，主要看特许经营企业如何适应或影响其所处的市场。表 2-2-1 列出了四种典型的营销策略，它们所涉及的因素是所有权决策定位及与营销策略有关的描述性特征的典型因素。

（一）创始者策略

创始者策略花费很大，由于许多新特许单店没有大量资本，因此它一般被大型的、在某行业或市场上已确立了强大或决定性地位的特许公司所采用，如餐饮业和汽车后续服务业（即提供汽车修理产品或服务的公司）。像本田汽车公司就以迅猛之势重新打入一个几乎已被遗忘的汽车市场,其新开发的跑车吸引了年轻人和其他一些原本不会购买此类汽车的潜在顾客。

表 2-2-1　四种以市场为重心的企业策略

策略类型	企业简介	特征
创始人	企业家型,发展导向型,高风险(大获成功或一无所有的赌博定位)	了解现有顾客的需求以刺激产品、服务的需求;能获取资本;时机好
早期模范者	市场敏感度好,善于反省,富有直觉,敢于冒险,愿意在未充分了解产品开发或生产设备改造的成本/利益前进行改变	在当前的产品/生产间灵活转换;迅速有效地改变产品/服务;能够采用不同产品/服务以适应不同的竞争,为顾客提供独特的产品/服务(即对顾客高度重视)
市场追随者	对市场极为热忱,但企业内部以生产为中心;力求生产大量或高价值的产品/服务;慎重考察符合企业现有优势的成本/利益机会;在资源投入前寻求确定的市场趋势	了解市场定价与需求水平;在现有企业优势上争取最大的市场份额;抓住有利机会进入市场;以恰当的水平提供产品/服务,比如低成本、低管理费用等
市场补缺者	为市场撇脂寻找机会;市场热忱型,但目前缺乏大量生产的能力;只愿承担最小的风险,避免面对面的竞争	以高需求的具体市场份额为目标;灵活;注重企业资源

(二) 早期模仿者策略

通常,处于扩张时期的特许经营企业不会采用该策略。如果要努力增加加盟店的数量,打入新的市场,特许人就必须丧失一定的灵活性,从而确保产品或服务的稳定性、经营运作的一致性、能够开展有效的广告宣传,为现有受许人提供更好的专业服务,以及对新加盟的受许人进行高质量的培训。

(三) 市场追随者策略

对于刚刚发展的特许经营企业来说,市场追随者策略或许是最具有变通性的一种策略。这种策略短期来看十分有利,市场需求旺,市场上现有企业的数量随顾客需求的增加而增加,经营方式也能确保企业采用最有效的方法来销售产品或服务,并且几乎每天都有新的竞争者进入市场。但长期看来,这种策略并不那么有变通性,因为随着越来越多的竞争者进入市场谋求利益,会出现价格竞争,市场将趋于饱和,也就是说,供应商的数量足以满足市场需求。在一家或多家公司争相增强市场渗透力的同时,价格竞争不可避免地会变得更剧烈。这最终使得一部分资本不足或效率差的企业因无法在激烈的价格竞争中生存而退出市场。

(四) 市场补缺者策略

一些刚刚入市的特许经营公司很可能会选择市场补缺者策略,作为它们打入市场和发展的初期策略。事实上,市场细分是最好的选择,但它需要特许人充分了解顾客需求与目标市场动力。许多新的特许经营企业之所以失败是由于它们缺乏足够的经验与市场知识,不能成功地执行这一策略。市场细分策略在汽车后续服务业中被有效地运用。

事实上,汽车的每一个部分都有特许经营服务,包括水箱、坐垫、消声器和传动器,或诸如防锈、车体工作、检测及更换润滑油之类的工作。餐饮业也成了一个分割性的行业,分为提供全套菜谱或特色菜谱、全面服务或有限服务、华丽或单一功能性环境的特许经营行业。

职业技能操练

工作项目

为一家即将开展特许经营业务的连锁企业进行战略规划。

项目背景

小张所在的连锁企业由于是刚发展起来的连锁企业,因此其发展模式主要选择直营连锁。为了能够快速进行市场扩张,公司打算拓展特许经营业务,委任小张进行企业战略规划的制定。

工作目标

★ 调研本地连锁企业战略。
★ 分析企业战略优劣势。
★ 根据企业实际情况撰写战略规划书。

工作计划

请将撰写企业战略规划计划填入表 2-2-2。

表 2-2-2　撰写企业战略规划计划表

工作要点	计划描述
调研本地连锁企业战略	
分析企业战略优劣势	
撰写战略规划书	

工作实施

步骤一:进行企业调研。

【基础任务】选择本地一家未进行加盟业务的连锁企业进行调研,搜集各种信息。

企业基本情况:

工作情境 2　特许经营体系战略规划

企业优劣势分析：
....
....

步骤二：经营战略内容的确定。
【基础任务】对该企业进行战略分析，确定其战略目标，进行具体的战略规划。

战略分析：
....
....
....

战略目标制定：
....
....
....

战略规划：
....
....

1. 阶段发展目标：
....
....

2. 市场发展范围：
....
....

3. 连锁模式选择：
....
....

步骤三：特许经营体系战略的规划。
【基础任务】基于企业真实情况和市场发展动态，撰写企业战略规划书。

特许经营体系的宗旨说明书：
....
....

特许经营体系的目标和策略层次：_____

_____

公司优势的定位：_____

_____

公司优势的产品/服务：_____

_____

公司持续发展的营销策略：_____

_____

工作项目评价

评价方式采用多元化评价，评价主体由学生、小组、教师与企业构成，评价标准、分值及权重如表 2-2-3 所示。

（1）学生对自我在工作活动中的职业核心能力进行自评，将自评结果填入职业核心能力自测表，见表 2-2-3。

表 2-2-3 职业核心能力自测表

（在□中打√，A 通过，B 基本通过，C 未通过）

职业核心能力	评 估 标 准	自测结果
自我学习	1. 能进行时间管理 2. 能选择适合自己的学习和工作方式 3. 能随时修订计划并进行意外处理 4. 能将已经学到的东西用于新的工作任务	□A □B □C □A □B □C □A □B □C □A □B □C
信息处理	1. 能根据不同需求去搜寻、获取并选择信息 2. 能筛选信息，并进行信息分类 3. 能使用多媒体等手段来展示信息	□A □B □C □A □B □C □A □B □C
数字应用	1. 能从不同信息源获取相关信息 2. 能依据所给的数据信息做简单计算 3. 能用适当方法展示数据信息和计算结果	□A □B □C □A □B □C □A □B □C
与人交流	1. 能把握交流的主题、时机和方式 2. 能理解对方谈话的内容，准确表达自己的观点 3. 能获取信息并反馈信息	□A □B □C □A □B □C □A □B □C
与人合作	1. 能挖掘合作资源，明确自己在合作中能够起到的作用 2. 能同合作者进行有效沟通，理解个性差异及文化差异	□A □B □C □A □B □C

续表

职业核心能力	评 估 标 准	自测结果
解决问题	1. 能说明何时出现问题并指出其主要特征 2. 能做出解决问题的计划并组织实施计划 3. 能对解决问题的方法适时做出总结和修改	□A □B □C □A □B □C □A □B □C
革新创新	1. 能发现事物的不足并提出新的需求 2. 能创新性地提出改进事物的意见和具体方法 3. 能从多种方案中选择最佳方案,并在现有条件下实施	□A □B □C □A □B □C □A □B □C
学生自我打分		

（2）学生以小组为单位,对本工作项目的实施过程与结果进行自评,将自评结果填入小组自评表,见表2-2-4。

表 2-2-4 小组自评表

评价内容	评 价 标 准	分值	评分
团队建设	团队合作紧密、互帮互助	10	
	工作态度端正、作风严谨	15	
	遵守法律法规和工作准则	10	
工作情况	计划制订周密、组织有序	15	
	按计划、高效率完成工作	20	
	工作成果完整且质量达标	30	
	合　　计	100	

（3）教师就专业操作能力对小组工作过程与结果进行评价,并将评价结果填入专业能力测评表,见表2-2-5。

表 2-2-5 专业能力测评表

（在□中打√,A掌握,B基本掌握,C未掌握）

业务能力	评价指标	测评结果	备注
调研本地连锁企业战略	1. 清晰明确战略的重要性 2. 调研的信息准确性	□A □B □C □A □B □C	
分析企业战略优劣势	1. 准确分析连锁企业的战略 2. 准备把握战略的内容	□A □B □C □A □B □C	
撰写战略规划书	1. 准确了解战略规划的内容 2. 准确了解战略规划的步骤 3. 合理撰写战略规划书	□A □B □C □A □B □C □A □B □C	
其他			

教师评语:

教师打分		教师签字	

(4) 企业对小组工作过程与结果进行评价，并将结果填入企业评价表，见表2-2-6。

表 2-2-6　企业评价表

关键考核指标	分值	得分
能准确调研本地连锁企业战略	30	
能合理分析企业战略优劣势	30	
能规范撰写战略规划书	40	
合　　计	100	

(5) 根据上述结果填写综合评价表，见表2-2-7。

表 2-2-7　综合评价表

自我评价(10%)	小组自评(10%)	教师评价(50%)	企业评价(30%)	综合评价

职业素养指南

特许经营体系规划主要内容的编制

规划帮助特许人对个人灵感与突发奇想保持清醒的态度。持续地增长和发展往往依靠具体规划，而不能依靠"鲁莽行事"。编制一个正式的规划是第一步，规划的完成是今后工作顺利开展的基础。

特许人必须提供能用管理功能描述的指导方案。小规模企业的特许人应当同大规模特许经营体系的特许人一样去履行自己的主要管理职能，包括日常的商业运作。无论是特许人还是受许人，作为各自企业的业主，都要思考发展规划。

规划是特许人或管理者的首要职责，一般特许经营规划的主要特征如下。

(1) 确定特许经营体系的整体目标、任务。

(2) 为实现特许经营组织的目标而编制政策、行动方案和程序（合适的条件下）。

(3) 编制成本标准、销售目标、符合绩效预期、销售预测，这些可以作为经营控制手段。

(4) 开发特许经营长期的产品、服务线，以确保组织的连贯性及相对不断变化的市场适应性。

可靠的战略规划要求特许经营发展计划的各个组成部分完美地结合在一起。完全照搬其他特许经营体系的方法，或照本宣科通常是不正确的。因为照搬其他特许经营体系的特点和驱动力很可能不适合一个新的特许经营公司；完全照搬其他特许经营体系的规划，就很难充分考虑规划背后的基本原理，最终难以化为己用。在特许经营中，如果照搬其他特许经营体系的策略或特点，那么在向潜在的购买者，即投资人或潜在受许人一一解释时，就会感到底气不足。

素养讨论：请认真阅读上述资料，讨论完成一个特许经营体系规划有哪些主要内容，在实际操作过程中要注意哪些事项？

思政教育园地

合规经营,捷径走不得

近年来,各类商标维权事件层出不穷。一些鱼目混珠的山寨品牌、山寨店铺、山寨产品的出现,不仅损坏了正规品牌的声誉,也给企业和品牌造成了损失,扰乱了市场秩序。一些创业者由于加盟了山寨品牌,而遭受了巨大的损失。

小赵喜欢喝奶茶,同时梦想开一家自己的奶茶店。2018年9月的一天,她点击了一个品牌加盟的弹窗,发现是最近很火的奶茶品牌,但是加盟费并没有想象中那么高。几经沟通,小赵了解到,这是个山寨加盟品牌,但对方声称其品牌、味道等与正牌都一样,但是加盟费是正牌的一半。小赵心想,都是奶茶,应该大家也尝不出它们的区别,何不赚上一笔?于是便打款缴纳了加盟费。但开业不久,奶茶的口味就被很多顾客质疑。

小赵说,每天都是在煎熬中边赔钱边做,当时房租是每月28 000元,再加上水电费每月大概是4 000元,一直坚持到2019年12月,大概赔了100多万元。最终奶茶店实在无法负担亏损,被迫关门。

思政评析:在门店经营过程中切记不可存在侥幸心理,很多不合规操作看似捷径,实则深渊,或许短期内看不出端倪,但长期来看一定会给经营者带来巨大的麻烦或者亏损,应时刻谨记:合规经营是绝不可逾越的底线。

工作情境3

特许经营单店模式设计

情境目标

【知识目标】

(1) 掌握单店盈利模式设计的基本知识；
(2) 掌握单店运营模式设计的基本知识；
(3) 掌握单店识别系统设计的基本知识。

【技能目标】

(1) 能够进行单店盈利模式设计；
(2) 能够进行单店运营模式设计；
(3) 能够进行单店识别系统设计。

【思政目标】

通过特许经营企业单店模式设计，引导学生作为企业从业人员不应把企业获取利润看作是企业的首要目标，而应该把为员工和顾客创造一个休闲、舒适的购物环境作为己任，这也是每一个从业人员最基本的职业素养。同时培养钻研业务、团结合作的职业素养。

情境导入

明宇的甜茶店单店经营模式是特许权要素设计的重要内容，涉及特许经营体系的营销战略、战术、价值和经营管理及可持续发展问题，必须高度重视。适应现代化、国际化，以及商业管理技术发展水平要求的单店经营模式和VIS系统是特许经营体系成功的保证。

工作活动

工作活动1　单店盈利模式设计
工作活动2　单店运营模式设计
工作活动3　单店SI系统设计

工作活动1　单店盈利模式设计

📙 工作活动目标

（1）掌握特许经营单店模式设计的思路；
（2）掌握特许经营单店模式设计的内容。

📝 职业工作情境

明宇所在的连锁企业想要拓展特许业务,但是特许业务的核心体系之一就是有一个可以适应市场需求的单店盈利模式,进而吸引加盟商加盟企业业务。公司总部委托明宇进行市场调研,完成企业单店盈利模式的设计工作。

📖 职业知识储备

知识点1　单店模式设计的原则

一、顾客导向原则

任何一个特许经营体系的单店,都是用来为顾客提供商品或服务的。因此,进行单店模式设计,必须以顾客为导向。也就是说,需要认真研究消费趋势、顾客需求及其消费偏好。比如,随着城市的发展,生活和工作节奏不断加快,消费者对便利消费的需求越来越多,因此就会出现便利店、快餐店、快修店等经营模式以满足这类需求。

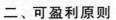

微课3-1：加强顾客至上的职业观念,掌握特许企业单店的顾客定位

二、可盈利原则

单店是一个独立的经营单位,是一个利润中心,因此单店必须是可以盈利的。单店盈利是单店模式的基础,也是特许经营体系进行单店复制的基础。因此,在考虑进行单店模式设计的时候,必须考虑如何建立单店的盈利模式。

三、可复制原则

特许经营的基本特征就是单店模式的不断复制。在进行单店模式设计时,必须考虑单店的可复制性。要实现可复制性,就需要遵循特许经营的"3S原则",设计和提炼出标准化、简单化、专业化的单店运营模式。

四、特色化原则

所谓的特色化,包含了两个层次的含义。
第一个层次的含义是,单店模式设计应该考虑所经营的业务的特点。比如以商品销售为主要业务的单店,更多的是要考虑商品的品类结构及商品的陈列,而以服务为主要业务的单店,则主要考虑服务的态度、水平,有的还需要特别考虑服务环境的设计等。同样是商品销售型单店,一个服装专卖店和一个电器专卖店,在选址、店堂装修、商品陈列、价格策略、促销方式等方面,也有很大的差异。

第二个层次的含义是,和同行业其他经营者,尤其是竞争对手相比,单店模式的设计应该具有自己的特色,形成差异化。比如,同样是西式快餐,肯德基、麦当劳、德克士就各自有自己的特色。

知识点 2 单店模式设计的思路

一、单店盈利模式

盈利模式是近年来在企业界和管理学术界非常风行的一个概念。简单地说,盈利模式就是具有一定规律、在一段时间内能反复使用的赚钱方法。所谓单店盈利模式,是指能够在一段时间内、在不同地域反复使用、赚取利润的单店经营方式的组合。换言之,单店盈利模式就是单店获得盈利的方法和策略的组合,只不过这种方法和策略的组合可以形成一个相对固定的模式,可以在一段时间和一定的市场范围内被广泛应用。

二、单店运营模式

单店运营模式,就是一个单店的日常运营管理和操作模式。和单店盈利模式的区别在于,运营模式是以盈利模式为前提,并使盈利模式落实到可以进行标准化操作的层面。也就是说,单店盈利模式更多的是关于单店经营的战略和策略性层面的要素,而单店运营模式是在单店经营战略和策略确定后进行的具体操作。

三、单店形象识别系统

特许经营强调统一化的模式,其中单店形象识别系统的统一,是单店模式统一的要素之一。单店形象系统的统一,不仅有利于单店的复制,也有利于特许经营品牌的传播。就像到处可见的小肥羊、百果园等品牌一样,其单店形象一致并且鲜明,易于识别。单店形象识别系统又称单店 CIS 系统,包括理念识别(MI、BI、VI)。消费大众往往首先就是通过单店的 CIS 系统,特别是其中的 VI 系统,来接触和认识一个特许经营品牌的。

知识点 3 单店盈利模式的提炼与设计

一、单店的顾客定位

(一)顾客定位是单店盈利模式的基础

一个单店盈利模式的构建,包括顾客定位、商品与服务组合、选址模型、运营策略四个关键要素(见图 3-1-1)。

单店盈利模式的四个要素中,顾客定位是最基础的要素,其他要素的设计都要围绕顾客定位来展开。顾客定位就是首先要清楚单店的顾客是谁,他们具有什么样的特征,他们

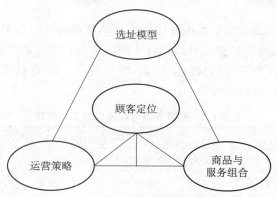

图 3-1-1　单店盈利模式构成

具有什么样的消费观念、购买习惯,以及他们有什么样的独特需求等。

准确、清晰的顾客定位可以使单店牢牢地把握住顾客对品牌的忠诚度。只有明确了顾客的需求,才能够清楚单店能为顾客提供什么样的价值。在此基础上,才能知道应该如何去满足顾客的需求,包括提供什么样的产品和服务,如何进行店面选址,如何营造店面环境,以及采取什么样的促销策略等。

(二) 单店顾客定位的步骤

单店顾客定位设计的重点是选择单店的目标顾客群,并锁定单店要满足该目标顾客群的心理偏好。顾客定位包括找位、选位、到位三个步骤。

所谓找位,就是通过市场的细分,并对各个细分市场评估,然后找到适合的目标市场,即目标顾客群。所谓选位,就是针对目标市场也就是目标顾客群,通过对同一目标市场的竞争对手的定位及顾客消费偏好进行进一步细分,以此来确定适合的价值定位。所谓到位,就是在单店定位确定之后,单店选址、商品、服务、营销策略等要素应该进行对应的配置。

1. 找位——市场(顾客)细分

找位就是通过市场细分来确定目标市场(顾客)。任何一个特许经营的单店,不可能满足所有人的所有需求,只能满足一部分人的小部分需要。

市场细分就是以一定的标准将市场分为几个有明显差别的消费者群体,他们有不同的消费特征和消费行为。一般来说,我们可以从地理、人口、心理、行为等方面的变量来对市场(顾客)进行细分和评估(见表 3-1-1),最后确定单店的目标顾客。

表 3-1-1　市场细分的变量

细分变量	具 体 因 素
地理变量	国界、区域、地形、气候、城乡、人口密度、交通条件等
人口变量	年龄、性格、职业、教育、收入、家庭人数、家庭生命周期、种族、民族、宗教、国际、社会阶层等
心理变量	生活方式、性格、价值观念等
行为变量	追求利益、使用者地位、购买频率、使用频率、品牌忠诚度、对产品的信赖度、价格敏感度、广告敏感度、服务敏感度

(1) 地理细分

地理细分是按照消费者所处的地理位置和自然环境进行市场细分。具体的常用变量如表 3-1-2 所示。不同地理位置和自然环境下的消费者常常有着不同的消费特征,对单店的营销组合策略也会有着不同的反应。比如,中国各个区域的消费者对食物的需求特点可以概括为"南甜北咸、东辣西酸"。

表 3-1-2　中国市场地理细分的常用变量

细分变量	典型分类
地理区域	东北、华北、西北、西南、华东、华南、华中
城市人口	5 万人以下,5 万~10 万人,10 万~25 万人,25 万~50 万人,50 万~100 万人,100 万~400 万人,400 万人以上
地理气候	热带气候、亚热带气候、温带气候、寒带气候
城乡区域	城市、乡镇、农村

(2) 人口细分

人口细分就是指按照各种人口统计变量进行市场细分。具体变量一般包括年龄、性格、职业、教育、收入、家庭人数、家庭生命周期、种族、民族、宗教、国籍、社会阶层等。不同的人文环境下的消费者常常有不同的消费需求和消费特征。表 3-1-3 中是中国市场人口细分的常用变量。

表 3-1-3　中国市场人口细分的常用变量

细分变量	典型分类
年龄	0~3 岁,4~6 岁,6~11 岁,12~20 岁,21~30 岁,31~40 岁,41~50 岁,51~60 岁,60 岁以上
性别	男、女
职业	工人、农民、教师、职员、经理人、公务员、家庭主妇、退休者等
受教育程度	小学及以下、中学、专科、本科、硕士、博士
家庭月收入	高、中、低或者按具体数额进行划分
家庭人口数	1~2 人,2~4 人,5 人以上
家庭生命周期	单身、新婚无子女、子女 6 岁以下、子女 6 岁以上、老年夫妇、独身老人
民族	汉族、蒙古族、满族等
宗教	佛教、道教、基督教、伊斯兰教、天主教、其他宗教、无宗教信仰
种族	黄种人、白人、黑人
国籍	中国、美国、英国等

(3) 心理细分

心理细分是按照消费者的心理特征进行市场细分。具体变量包括生活方式、性格、价值观念等(见表 3-1-4)。在同一地理特征、同一人口特征的细分市场中,也会由于心理变量的差异而表现出不同的消费特征和行为。

表 3-1-4　心理细分的常见变量

细分变量	典型分类
生活方式	传统型、新潮型、节俭型、奢侈型、保守型、前卫型等
性格	冲动型、理智型、自卫型、进攻型、交际型、独处型等
价值观念	进取型、传统型、助人型、温情型、享乐型、创造型等

（4）行为细分

行为细分是指按照消费者对产品或服务的了解程度、态度、使用情况或反映等变量进行的市场细分。具体变量包括追求利益、使用者地位、购买频率、使用频率、品牌忠诚度、对产品的信赖度、价格敏感度、广告敏感度、服务敏感度等（见表 3-1-5）。行为细分是市场细分的最终结果，每种行为细分市场的特征将决定是否被选为目标市场，也决定将采取的营销组合策略。

表 3-1-5　行为细分的常用变量

细分变量	典型分类
购买动机	一般动机、特殊动机
追求利益	经济、便利、实用、名誉、服务等
使用状况	未曾使用者、曾经使用者、潜在使用者、首次使用者、经常使用者
使用频率	不使用、少量使用、中量使用、大量使用
品牌忠诚度	无忠诚度、较低忠诚度、中等忠诚度、较高忠诚度、很高忠诚度
购买阶段	不了解、了解、熟知、感兴趣、想买
对产品或服务的态度	抵制、否定、不关心、肯定、热情

2. 选位——确定核心价值

选位也就是通过对目标市场（顾客）再进行细分和竞争对手的分析，然后进行定位的选择。

（1）目标市场（顾客）细分

即便是通过市场细分确定了单店的目标市场（顾客），往往还是不太可能满足目标顾客的所有需求。因此，我们需要对目标顾客进一步细分，把握顾客的需求点，以采取有效的营销策略。目标顾客的细分可以分为属性细分、利益细分、价值细分三个方面（见表 3-1-6）。

（2）竞争对手分析

进行竞争对手分析，主要在于明确在每一个细分市场上的机会和风险。在进行竞争对手分析时，需要对竞争对手现有的目标顾客、市场定位、竞争地位等各个方面的要素进行系统性的调研。比如中式快餐品牌"真功夫"在进行重新定位前，对国内快餐市场进行了深入研究，对国内中外快餐连锁品牌进行了深入分析，发现占据快餐市场领导地位的是肯德基、麦当劳等西式快餐，而消费者认为这些西式快餐的营养不如中餐，"真功夫"很快意识到"营养"是一个很好的市场定位选择，经过一番定位的调整后，"真功夫"向顾客提供的食品全部都采用"蒸"的烹饪方式，并以"营养还是蒸得好"为广告语进行品牌传播，直指"洋快餐"没有营养的软肋。

表 3-1-6　目标顾客的细分

分类	定　义	举　例
属性	产品或服务具有哪些属性特点，比如包括内在属性、外在属性、表现属性、抽象属性等	例如：某餐饮店强调其原材料是天然无公害种植，属于内在属性；一些品牌专卖店强调其品牌形象及商品包装等，属于外在属性
利益	产品或服务能够给顾客带来哪些方面的利益，包括财务利益、体验利益、社会心理利益、功能利益等	例如：折扣店能够为顾客提供低价商品，使顾客获得财务利益；星巴克通过营造独特的环境使顾客获得体验利益
价值	产品或服务能够满足顾客哪些深层次的心理价值需求，包括终极价值和工具价值等	例如：麦当劳的核心价值定位为欢乐；味千拉面定位于健康餐饮

3. 定位的选择

通过对目标顾客进行细分及竞争对手进行分析，再结合企业自身的优势和劣势，通过差异化的定位来获得竞争的优势。表 3-1-7 是中国市场知名餐饮品牌的目标顾客与定位分析表，从中我们可以看到，即便同样是餐饮企业，即便都是西式快餐或中式快餐，它们的目标顾客和定位都是不同的。

表 3-1-7　中国市场知名餐饮品牌的目标顾客与定位

品牌	业态类别	目标顾客	核心定位
俏江南	中式正餐	白领精英	尊崇、品味、时尚、经典
一茶一坐	中式休闲餐	商务白领	休闲、舒适、情趣、品位
真功夫	中式快餐	白领阶层	营养、美味
味千拉面	快速休闲餐	中高收入者和白领	健康餐饮
马兰拉面	中式快餐	中小学生	物美、价廉、美味
麦当劳	西式快餐	年轻人	欢快、憧憬、热烈
肯德基	西式快餐	家庭、儿童	亲情、美味
赛百味	西式快餐	普通白领	低卡路里、健康、轻松

中式正餐连锁品牌俏江南在进行市场分析时，发现面向白领阶层的高档正餐在国内几乎是一个空白。于是，俏江南将自身目标顾客锁定为月收入在两万元以上的白领精英，并以尊崇、品位、时尚、经典、美味为定位，受到白领精英阶层的青睐。

二、单店选址模型

（一）选址模型的概念与意义

单店的成败与否在很大程度上依赖其位置，因此选址非常重要。但很多企业往往没有将选址模型纳入盈利模式的范畴，认为选址只是操作层面的问题。这些企业没有意识到开店经营必须是在一定的市场环境中，而选址就是对开店环境的选择。所谓选址模型，就是单店选址所必须遵循的基本原则和标准。这些原则和标准是以单店的定位为基础的，是特许经营体系

微课 3-2：加强以人为本的职业观念，掌握特许企业单店的选址模型

中众多的直营店和加盟店选址经验的结晶。违背了这些基本原则或标准,单店经营可能将遭遇失败。

(二)选址模型的构成

不同的行业、不同的业态,其选址原则和标准有很大的差异。即使是同一行业、同一业态,不同的特许连锁企业在选址上也各有心得。但是在选址模型的构成上,不同行业、不同业态或不同企业之间却有着共同的规律。

从表 3-1-8 北京华联综合超市的选址标准可以看到,一般的店面选址模型包括目标市场条件、商圈条件、竞争对手条件、物业条件等层次的选择原则和标准。

表 3-1-8　北京华联大型综合超市展店标准

指　标	标　准　说　明
目标市场条件	1. 省会城市或中心城市 2. 城区常住人口 100 万以上 3. 年人均消费支出 6 000 元以上
商圈条件	1. 一级商圈:位于城区密集居民住宅区,3 公里以内常住人口 50 万以上,紧邻城市主干道,8 条以上公交线,店面日均人流量 8 万以上 2. 二级商圈:位于城区密集居民住宅区,3 公里以内常住人口 30 万以上,紧邻城市主干道,6 条以上公交线,店面日均人流量 6 万以上 3. 三级商圈:位于城区居民住宅区,3 公里以内常住人口 20 万以上,紧邻城市主干道,有 4 条以上公交线,店面日均人流量 4 万以上
竞争对手条件	3 公里内竞争对手不超过 2 家
物业条件	1. 使用寿命:结构使用年限≥租赁期限 2. 结构改造:在国家规范许可范围内,满足经营需求 3. 建筑物结构:框架或排架结构 4. 层高:5 米 5. 柱距:8 米×8 米 6. 楼面载荷:卖场 4 000 牛/平方米,库房 5 000 牛/平方米 7. 总建筑面积:12 000 平方米 8. 单层建筑面积:12 000 平方米 9. 多层建筑面积:6 000 平方米/层 10. 地面停车场面积:2 000 平方米 11. 地下停车场面积:8 000 平方米 12. 库房面积:2 000 平方米 13. 办公区面积:600 平方米卸货区面积:300 平方米 14. 卸货平台:高度 0.8 米,面宽:8 米,进深:5 米 15. 卸货通道(消防通道)宽幅:3 米 16. 地下室防水:混凝土刚性自防水加卷材柔性防水 17. 能源供应:经营方独立开户,用电量 0.12 千伏安/平方米,其他根据规范可满足经营需要
合作方式	租赁,期限 20 年

（三）目标市场选择的原则和标准

目标市场选择主要是考虑与单店定位等相适应的市场，包括当地文化与消费习俗、市场容量大小、消费能力及政府政策等方面。例如，华联综合超市对目标城市的具体标准是城区常住人口100万以上的省会或中心城市，且年人均消费支出在6 000元以上。而星巴克的市场选择原则和标准，第一是这个城市的国际知名度，第二是城市的开放程度，第三是城市的人口量。所以，我们可以看到星巴克进入中国时，首先是北京、上海、深圳、广州等国际知名度高、城市人口多的开放型大都市，继而是青岛、大连等城市。

（四）商圈的选择原则和标准

商圈的选择主要是考虑商圈的类型、商圈内的人口数量及结构、消费能力、竞争状况等因素。

一座城市由若干个功能区组合而成，包括商业区、机关集中地、交通枢纽、高技术开发区、工业区、居民住宅区、新兴住宅区、医院、学校集中地、贫困居民居住区等（见表3-1-9）。每一个功能区既独立存在又和别的功能区相互联系、相互依靠。每一商圈内的人口结构和消费习惯均具有一定的特征，确定商圈的选择原则和标准，可以提高选址的成功率和选址的效率。例如，华联综合超市选择的商圈是住宅区，并且对商圈内的人口数量、交通条件等均确定了明确的标准。

表3-1-9　城市商圈的类型

商圈类型	类型说明	商圈消费特点
商业区	商业集中的地区	商圈大、流动人口多、各种商店林立、繁华热闹，消费习性具有快速、流行、娱乐、冲动购买及消费金额较高等特色
住宅区	住户至少1 000户	消费群稳定，讲究便利性、亲切感，家庭用品购买率高
文教区	附近有1所或以上的学校	消费群以学生居多，消费金额普遍不高，但果汁类饮品购买率高
办公区	办公大楼林立的地区	消费习性为便利性、在外就餐人口多、消费水平较高
工业区	工厂较为集中的地区	消费者一般为打工一族，消费水平较低，但消费总量较大
混合区	住商混合、住教混合、工商混合等	具备单一商圈形态的消费特色，一个商圈内往往含有多种商圈类型，属于多元化的消费习性

（五）物业条件的选择原则和标准

物业条件即店址的具体状况，包括所处的位置、面积、楼层、基础设施、可视性、租金等。从表3-1-10中可以看到，星巴克在店址物业的选择上有明确的标准，包括店址的具体位置、面积、楼层和层高、租金，以及供电、给水、排水、排风、排烟、空调、消防等基础设置的具体要求和标准。

表 3-1-10　星巴克的物业标准

位置	商场、办公楼、高档住宅区等汇集人气聚集人流的地方		
总面积	150～400 平方米	层高	不低于 4 米
租金水平	11～15 元/天/平方米	楼层分布	一层
供电系统	（380 伏三相五线制）；不小于 30 千瓦及计量（为分体空调做电量预留）	给水系统	1 升/秒,店内留一个阀门
排水系统	有上下水	排风排烟系统	一般标准
空调系统	中央空调宜采用新风补入方式的盘管空调系统（设计按国家标准），利于后期商铺进行二次装修布置，预留空调供回水及冷凝水接驳口和维修控制阀门及平衡阀组，冷凝水采用就近直排设计方案（防止阻塞时难于疏通）		
补风系统	略小于排风量设计	其他要求	有明显的广告位

三、单店商品/服务组合

（一）商品/服务的定位和选择

商品/服务是单店经营的业务核心。任何单店不可能经营所有的商品或服务，因此必须进行商品/服务的定位和选择。一般来说，单店的商品/服务的定位和选择有两种思路。

一种思路是特许经营体系所经营的商品/服务已经有很长时间，具有较强的品牌影响力，这个时候是在既定的商品/服务基础上，再去考虑如何选址及如何选择目标顾客等经营要素。比如，很多老字号餐饮企业就是如此。

另一种思路是，根据单店的定位及单店选址的商圈情况进行商品/服务的选择。随着市场的发展，市场的供求关系已经由原来的卖方市场转变为买方市场，绝大多数的企业的经营策略已经从生产和供应为导向转向以市场和顾客需求为导向。也就是说企业的产品和服务，必须随着市场和顾客的需求的变化而变化，否则将会被市场所淘汰，对特许经营企业来说，也是同样的道理。因此，我们可以看到，包括 7-11、肯德基、必胜客这样的国际特许经营品牌，其商品/服务的选择和调整，都是以单店的定位为依据。而国内一些老字号品牌，因循守旧，不能根据市场和顾客需求变化来对商品/服务进行重新定位和创新，结果陷入各种经营困境，甚至面临关门倒闭。

（二）商品/服务的组合

当一个单店所提供的商品/服务不止一项时，就需要考虑商品/服务组合的设计，以明确单店经营的重点，而且良好的商品服务组合，有利于所经营的商品和服务相互促进。单店应着重考虑以各商品类别或项目对单店盈利的影响来分类，即所谓的主力商品/服务、辅助商品/服务、关联商品/服务的概念。

主力商品/服务，也称主打商品/服务，指那些销售量大、周转率高、在经营中占主要部分的商品。在一个单店中，主力商品通常占到 75%～80%，如肯德基店中的炸鸡和可乐等。

辅助商品/服务，指那些在价格、品牌等方面对主力商品起辅助作用的商品，如时装店中的衬衣、T 恤、领带，美容店中的头部按摩服务等。

关联性商品/服务,指那些与主力商品或辅助商品共同购买、共同消费的商品,如时装店中的鞋和袋子、麦当劳店中的儿童游戏区等。

事实上,成功特许经营体系,在单店经营上都有很多的诀窍,其中包括对商品或服务如何进行巧妙组合。在全国拥有近 8 000 个连锁专卖店的国际化妆品品牌雅芳,就是一个典型的例子。在商品品类结构上,雅芳专卖店销售的产品包括护肤、彩妆、个人护理、香品等化妆品,还包括流行饰品、时尚内衣和健康食品等商品。几年前,雅芳将美容护肤等售后服务引入专卖店,推出"前店后院"的经营模式。近年来,雅芳推出的第四代形象店,还设立了包括美体、美甲在内的收费美容服务项目,店内区域规划也由原来 2/3 面积承担零售功能,转变为 2/3 的店面面积提供美容服务。雅芳这种"前店后院"的经营模式,成为中国美容化妆品行业的创新模式。

四、单店关键经营策略

单店关键经营策略指对单店盈利起到关键作用的经营策略。独特的经营策略是单店盈利制胜的法宝。

微课 3-3:加强创新开放的职业意识,制定特许单店关键经营的策略

(一) 单店盈利的基本分析思路

1. 单店盈利的基本公式

单店盈利最简单的一个公式就是"单店利润＝收入－成本费用"。也就是说,一定时期的单店盈利等于该段时期的营业收入减去营运成本费用。由此可以看出,影响单店利润的因素有两个,一个是收入,另一个是成本费用。很显然,单店营业收入越高,营运成本越低,利润越高。所以,对绝大多数的单店来说,提升单店利润的基本思路和方法就是考虑如何提升营业收入,以及如何降低运营成本和费用,也就是人们常说的如何开源节流。

2. 单店成本费用构成分析

单店成本费用包含两部分,一部分是固定的,另一部分是变动的。固定的成本费用一般包括房租、人员基本工资等。固定成本费用属于不可控费用,在未形成之前要根据实际的经营情况合理配置,比如店铺的选址和经营面积的大小、单店人员配置等。在固定成本已形成之后将空闲的资源积极地转嫁出去,比如有的将较大的店面的一部分转租出去等,使得资源能够得到合理利用和增值。变动成本费用包括原材料成本、商品销售成本、业绩提成、营销费用等。变动成本费用属于可控费用,要坚持通过合理的控制(包括运用新的技术和设备),尽可能以最低的投入产出最大的效益。

3. 单店营业收入的构成分析

在成本费用相对固定或相对可控的情况下,营业收入的高低与盈利直接相关。因此,营业收入也是单店提升盈利关注的重点。单店营业收入也有一个最简单的公式,那就是"单店营业收入＝客单价×交易客数"(见图 3-1-2)。在这里,客单价指顾客每人次的平均消费额,交易客数指一定时期内来店内购物或消费的顾客数量。

我们进一步分析,会发现客单价与单店的商品(服务项目)数和商品(服务项目)单价有关。很显然,商品或服务项目越多,客户的选择面就越广,客户平均每次消费的金额可

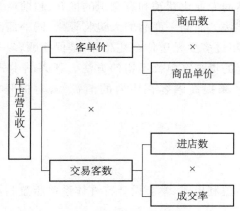

图 3-1-2 单店营业收入构成

能就越高。而商品单价越高,单店的营业收入可能也就越高。当然,商品单价高,很可能会导致客户购买或消费的商品和服务数量减少,营业收入未必能提高。

同样,我们可以发现交易客数等于进店客数乘以成交率。每天有很多人进单店,但不是每个人都会购买商品,只有那些真正购买商品并结账的客户才能算交易客数。很显然,进店客数越多,成交的机会越大,营业收入就可能更大,这就是为什么开店做生意需要人气旺的原因。顾客进店后,购买消费率越高,对营业收入的贡献就越大。

(二)单店关键经营策略分析

通过以上对单店盈利和营业收入构成分析,我们会发现提升单店盈利的关键策略主要围绕如何提高顾客的进店数、如何提高顾客的成交率,以及如何提高客单价三个核心要素。

1. 提高顾客进店数的策略与方法

不同的行业,不同的店铺,提高顾客进店数的策略和方法有很多。例如,有的将店面的橱窗设计得很漂亮,摆上最新款式的商品来吸引顾客;有的通过在店面开展促销活动吸引人流;有的通过媒体广告来拉动顾客进店等。有的特许经营企业,比如星巴克,一般都会选择在人流量非常大的地方开店,而且橱窗总是非常透亮,这样即使没有任何的广告或者促销,仍然能够吸引大量的人流进来。

2. 提高顾客成交率的策略与方法

顾客进店后,并不等于都会进行消费。因此,如何提高成交率,就显得非常关键。在不同的特许经营体系中,其关键的经营策略可能有所不同,有的通过会员制模式提高重复购买率;有的则通过独特的现场销售流程和技巧提高成交率;有的会通过有吸引力的商品价格和促销活动、商品布局、商品陈列,以及舒适的购物环境和服务等来刺激顾客的消费欲望。

3. 提高客单价的策略与方法

提高客单价有三种方法,一是提高商品单价,二是让顾客购买价格更高的商品,三是让顾客一次性购买更多的商品。一般来说,提高价格可能会导致销售量下降,因此相对来讲更有效的方法是后面两者,即引导顾客去购买更高价格的东西,以及让顾客一次性购买更多的商品。高价格商品的专业化营销和有意识的推介、超前或是完善的售后服务等,是让顾客购买它们的常用方法。而同一商品的大包装规格、同一商品的捆绑销售、不同商品的关联销售、一次性消费超过多少元送什么礼品等,是促使顾客一次性购买经常使用的方法。团购也是这几年兴起的提高客单价不错的方法。新兴的中式餐饮品牌"一茶一坐",就是通过提高"休闲溢价"来提高顾客在店内的消费额,对提升单店盈利起到了良好的效果。

职业技能操练

工作项目

调查连锁企业的单店盈利模式,学会设计特许体系单店盈利模式。

项目背景

全聚德是一家知名的开展特许经营业务的企业,其特许体系是以一个独创的单店盈利模式开发开始的,可是这个单店经营盈利模式是怎么设计的呢?

工作目标

★ 掌握特许体系单店盈利模式设计的原则。

★ 掌握特许体系单店盈利模式设计的内容。

工作计划

请将设计特许体系单店盈利模式计划填入表3-1-11。

表3-1-11 特许体系单店盈利模式计划表

工作要点	计划描述
调研认知单店盈利模式	
分析该企业单店盈利模式的设计思路	
分析总部战略控制的手段	

工作实施

步骤一:通过调研认知单店盈利模式。

【基础任务】选择本地一家开展特许业务的企业,对其单店盈利模式进行调研。

企业基本情况:

单店盈利模式概述:
_____
_____

画出该企业单店盈利模式四元素图。

┌───┐
│   │
│   │
│   │
│   │
│   │
│   │
└───┘

步骤二：分析该企业单店盈利模式的设计思路。
【基础任务】根据所收集的信息，分析该企业的单店盈利模式设计思路。
客户的定位：_____
_____

选址模型：_____
_____

商品/服务组合的设计：_____
_____

关键经营策略：_____
_____

步骤三：分析总部战略控制的手段。
【基础任务】调查了解该企业的总部战略控制手段。
总部战略控制的手段：_____
_____
_____

优缺点：

改进建议：

工作项目评价

评价方式采用多元化评价，评价主体由学生、小组、教师与企业构成，评价标准、分值及权重如表 3-1-12 所示。

（1）学生对自我在工作活动中的职业核心能力进行自评，将自评结果填入职业核心能力自测表，见表 3-1-12。

表 3-1-12　职业核心能力自测表
（在□中打√，A 通过，B 基本通过，C 未通过）

职业核心能力	评 估 标 准	自测结果
自我学习	1. 能进行时间管理 2. 能选择适合自己的学习和工作方式 3. 能随时修订计划并进行意外处理 4. 能将已经学到的东西用于新的工作任务	□A　□B　□C □A　□B　□C □A　□B　□C □A　□B　□C
信息处理	1. 能根据不同需求去搜寻、获取并选择信息 2. 能筛选信息，并进行信息分类 3. 能使用多媒体等手段来展示信息	□A　□B　□C □A　□B　□C □A　□B　□C
数字应用	1. 能从不同信息源获取相关信息 2. 能依据所给的数据信息做简单计算 3. 能用适当方法展示数据信息和计算结果	□A　□B　□C □A　□B　□C □A　□B　□C
与人交流	1. 能把握交流的主题、时机和方式 2. 能理解对方谈话的内容，准确表达自己的观点 3. 能获取信息并反馈信息	□A　□B　□C □A　□B　□C □A　□B　□C
与人合作	1. 能挖掘合作资源，明确自己在合作中能够起到的作用 2. 能同合作者进行有效沟通，理解个性差异及文化差异	□A　□B　□C □A　□B　□C
解决问题	1. 能说明何时出现问题并指出其主要特征 2. 能做出解决问题的计划并组织实施计划 3. 能对解决问题的方法适时做出总结和修改	□A　□B　□C □A　□B　□C □A　□B　□C
革新创新	1. 能发现事物的不足并提出新的需求 2. 能创新性地提出改进事物的意见和具体方法 3. 能从多种方案中选择最佳方案，并在现有条件下实施	□A　□B　□C □A　□B　□C □A　□B　□C
学生自我打分		

（2）学生以小组为单位，对本工作项目的实施过程与结果进行自评，将自评结果填入小组自评表，见表3-1-13。

表3-1-13　小组自评表

评价内容	评价标准	分值	评分
团队建设	团队合作紧密、互帮互助	10	
	工作态度端正、作风严谨	15	
	遵守法律法规和工作准则	10	
工作情况	计划制订周密、组织有序	15	
	按计划、高效率完成工作	20	
	工作成果完整且质量达标	30	
合　计		100	

（3）教师就专业操作能力对小组工作过程与结果进行评价，并将评价结果填入专业能力测评表，见表3-1-14。

表3-1-14　专业能力测评表
（在□中打√，A掌握，B基本掌握，C未掌握）

业务能力	评价指标	测评结果	备注
调研认知单店盈利模式	1. 准确了解调研内容 2. 调研信息的准确性	□A　□B　□C □A　□B　□C	
分析该企业单店盈利模式的设计思路	1. 了解分析工具思路 2. 准确分析模式	□A　□B　□C □A　□B　□C	
分析总部战略控制的手段	1. 了解控制战略手段 2. 提出合理建议	□A　□B　□C □A　□B　□C	
其他			

教师评语：

教师打分		教师签字	

（4）企业对小组工作过程与结果进行评价，并将结果填入企业评价表，见表3-1-15。

表3-1-15　企业评价表

关键考核指标	分值	得分
调研认知单店盈利经营模式	30	
分析该企业单店盈利模式的设计思路	30	
分析总部战略控制的手段	40	
合　计	100	

(5) 根据上述结果填写综合评价表,见表 3-1-16。

表 3-1-16 综合评价表

自我评价(10%)	小组自评(10%)	教师评价(50%)	企业评价(30%)	综合评价

工作活动 2　单店运营模式设计

工作活动目标

(1) 掌握单店运营模式设计的内容;
(2) 掌握单店运营模式设计的步骤。

职业工作情境

单店盈利模式设计好以后,需要借助单店运营模式,即合理的单店的组织架构、合理的岗位设置及人员分配,使用标准化的工作流程才可使得盈利模式落到实处。

职业知识储备

知识点 1　单店组织结构与岗位设计

单店组织设计是指根据单店日常运营管理,工作任务如何进行分工、分组及如何进行协作,包括组织结构的设计,部门职能、岗位的定编、定责等。

一、单店组织结构设计

在不同的特许经营体系中,单店的规模和运营管理模式不一样,其组织结构也不一样。小型的单店可能只有 4~5 个人,最小的单店可能只有 1~2 个人,而大型的单店的员工人数可能达到数十人甚至上百人。因此,单店组织结构设计的差异非常大。

我们可以通过绘制组织结构图来进行单店组织结构的设计。例如,一个规模较大的 3C 专业店,在店长下面可能有多个工作岗位(见图 3-2-1)。一些规模更大的单店,例如全聚德烤鸭店,可能在店长(总经理)下面还会设立好几个部门(见图 3-2-2)。

二、部门职能和岗位职责设计

在明确了单店的组织结构之后,接下来就需要确定单店各个部门的职能和岗位职责。如前所述,有的单店因为规模大,店长(总经理)下面设有多个部门;而有的单店规模相对较小,店长下面不设部门,而是直接设立工作岗位。

部门职能和岗位职责的设计,一般采用部门职能说明书和岗位说明书的形式。以下分别是某餐饮连锁企业单店行政部部门职能说明书(表 3-2-1)、某零售连锁单店理货员的岗位职责说明书(表 3-2-2)。

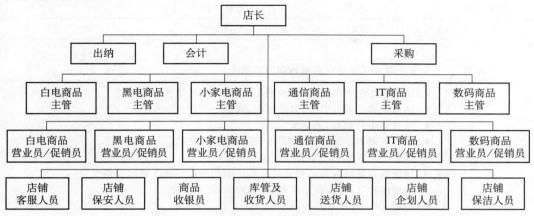

图 3-2-1 某店组织结构图

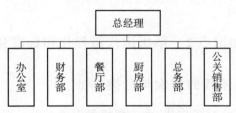

图 3-2-2 全聚德单店组织结构图

表 3-2-1 部门职能说明书

部门名称	行政部	部门负责人	行政部部长	直接上级	总经理(店长)
岗位设置		岗位名称		岗位编制	
		1. 行政部长		1	
		2. 人事专员		1	
部门使命	负责单店行政、人力资源、后勤管理等相关工作,为单店经营管理提供支持				
主要职能	1. 行政职能 ● 负责起草单店的工作目标、工作计划和工作总结 ● 负责文件分批和指示的传达,并督促检查落实情况 ● 组织召集总经理办公会、员工大会,负责会议的记录、纪要工作及对决定、决议的督查督办工作 ● 协助单店经理处理日常的信函回复、日程安排、来访接待工作,各类文件、报表、资料的打印、复印工作,单店的档案管理等				
主要职能	2. 人事职能 ● 拟定招聘政策,组织实施招聘工作 ● 负责提出员工培训和职业开发计划,并组织实施;协助配合总部举办的培训活动 ● 负责单店日常的考勤、纪律检查监督工作 ● 负责拟定单店薪酬体系,编制工资、福利计划及员工薪资调整方案,员工考核工作,人事档案管理等				
兼管职能	单店的后勤事务管理				

表 3-2-2　岗位职责说明书

岗位名称	理货员	所属部门	加盟店
直接上级	店长	直接下级	
岗位定员	3	工资等级	12
工作描述			
工作概要	负责所管辖区域的商品销售和顾客服务		
工作职责与任务	· 保障商品销售供应，及时清理端架、堆头和货架并补充货源 · 保持销售区域的卫生（包括货架、商品） · 保持通道的顺畅，无卡板、垃圾 · 按要求码放排面，做到排面整齐美观，货架丰满 · 及时收回零星物品和处理破包装商品 · 保证销售区域的每一种商品都有正确的条形码和正确的价格卡 · 整理库存区，做到商品清楚，码放安全，规律有序 · 先进先出，并检查保质期 · 事先整理好退货物品，办好退货手续		

知识点 2　单店运营流程化和标准化

一、单店运营业务流程的层次与分类

单店流程由若干个工作任务构成，而工作任务由若干个工作步骤构成，工作步骤又由若干个工作动作和标准构成，它们之间具有严格的层次逻辑关系。在特许经营单店中，向客户提供商品或服务的流程是主流程，主流程一般包括采购（订货）、销售等；其余的比如行政管理流程、财务管理流程、人事管理流程、设备管理流程等，因向主流程提供支持从而成为单店的辅助流程。

二、单店运营业务流程图的绘制

将单店的各个业务流程绘制成流程图，能够使各项工作的顺序和步骤及所涉及的岗位或角色一目了然。

流程图通常采用矩阵式的绘制方法（见表 3-2-3），即横坐标表示与流程有关的岗位或角色（如顾客、供应商等）的名称，纵坐标是时间顺序，即先做何事，后做何事。

表 3-2-3　矩阵式流程图绘制法

序号	岗位 A	岗位 B	岗位 C	岗位 D	岗位 E	岗位 F
1						
2						
3						
4						
5						

续表

序号	岗位A	岗位B	岗位C	岗位D	岗位E	岗位F
6						
7						
8						
9						

流程图的图示不要太复杂，一般可使用三种图形：第一种图形——椭圆，只表示开始和结束两个节点；第二种图形——矩形，表示任务；第三种图形——菱形，表示判定。例如，审批这种环节都用菱形。通常矩形和菱形都要求有进口和出口，如果只有进口没有出口，或者只有出口没有进口，都说明流程图有问题。一些工作做完以后，并不一定和其他人有关系，就要用一条曲线或椭圆表示结束（见图3-2-3）。

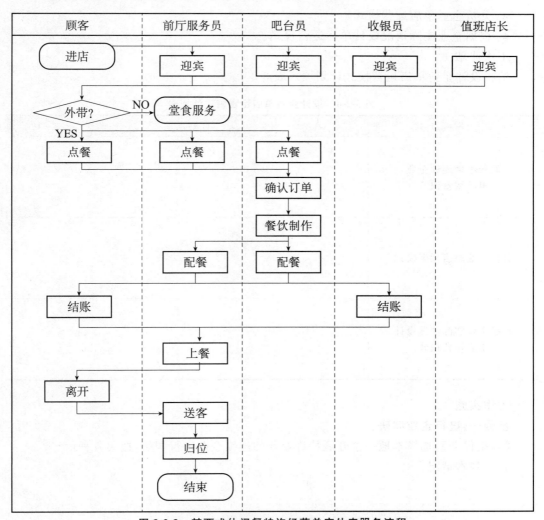

图3-2-3　某西式休闲餐特许经营单店外卖服务流程

由于环境的变化,流程也可能会发生变化。例如,麦当劳餐厅在普通营业时期和营业高峰时间的作业流程就有所不同。

职业技能操练

工作项目

为一家即将开展特许经营业务的连锁企业进行单店运营模式设计。

项目背景

小张所在的连锁企业因为是刚发展起来的连锁企业,因此其发展模式主要选择直营连锁,为了能够快速进行市场扩张,公司打算拓展特许经营业务,根据前期设计的盈利模式委派小张进行企业单店的运营模式设计。

微课 3-4:提升敦本务实的职业素养,了解制作特许经营的操作手册

工作目标

★ 调研本地连锁企业单店运营模式。

★ 分析企业单店运营模式。

★ 根据企业实际情况设计单店运营模式。

工作计划

请将设计企业单店运营模式计划填入表 3-2-4。

表 3-2-4　设计企业单店运营模式计划表

工作要点	计划描述
调研本地连锁企业单店运营模式	
分析企业单店运营模式	
根据企业实际情况设计单店运营模式	

工作实施

步骤一:进行企业调研。

【基础任务】选择本地一家开展特许业务的连锁企业进行调研,搜集各种信息。

企业基本情况:

步骤二:进行单店运营模式分析。

【**基础任务**】对该企业门店运营模式进行分析,找出问题,提出建议。

门店组织架构:

优缺点:

改进建议:

门店岗位设置:

优缺点:

改进建议:

门店人员配置:

优缺点:

改进建议:

门店主要工作流程：_____
_____
_____

优缺点：_____
_____
_____

改进建议：_____
_____
_____

步骤三：进行单店运营模式设计。
【基础任务】基于企业真实情况和市场发展动态，设计企业单店运营模式。

门店组织架构设计：_____
_____
_____

门店岗位设置：_____
_____
_____

门店人员配置方案：_____
_____
_____

门店工作流程设计：_____
_____
_____

工作项目评价

评价方式采用多元化评价，评价主体由学生、小组、教师与企业构成，评价标准、分值及权重如下表所示。

（1）学生对自我在工作活动中的职业核心能力进行自评，将自评结果填入职业核心能力自测表，见表3-2-5。

表 3-2-5　职业核心能力自测表

（在□中打√，A 通过，B 基本通过，C 未通过）

职业核心能力	评 估 标 准	自测结果
自我学习	1. 能进行时间管理 2. 能选择适合自己的学习和工作方式 3. 能随时修订计划并进行意外处理 4. 能将已经学到的东西用于新的工作任务	□A　□B　□C □A　□B　□C □A　□B　□C □A　□B　□C
信息处理	1. 能根据不同需求去搜寻、获取并选择信息 2. 能筛选信息，并进行信息分类 3. 能使用多媒体等手段来展示信息	□A　□B　□C □A　□B　□C □A　□B　□C
数字应用	1. 能从不同信息源获取相关信息 2. 能依据所给的数据信息，做简单计算 3. 能用适当方法展示数据信息和计算结果	□A　□B　□C □A　□B　□C □A　□B　□C
与人交流	1. 能把握交流的主题、时机和方式 2. 能理解对方谈话的内容，准确表达自己的观点 3. 能获取信息并反馈信息	□A　□B　□C □A　□B　□C □A　□B　□C
与人合作	1. 能挖掘合作资源，明确自己在合作中能够起到的作用 2. 能同合作者进行有效沟通，理解个性差异及文化差异	□A　□B　□C □A　□B　□C
解决问题	1. 能说明何时出现问题并指出其主要特征 2. 能做出解决问题的计划并组织实施计划 3. 能对解决问题的方法适时做出总结和修改	□A　□B　□C □A　□B　□C □A　□B　□C
革新创新	1. 能发现事物的不足并提出新的需求 2. 能创新性地提出改进事物的意见和具体方法 3. 能从多种方案中选择最佳方案，并在现有条件下实施	□A　□B　□C □A　□B　□C □A　□B　□C
学生自我打分		

（2）学生以小组为单位，对本工作项目的实施过程与结果进行自评，将自评结果填入小组自评表，见表 3-2-6。

表 3-2-6　小组自评表

评价内容	评 价 标 准	分值	评分
团队建设	团队合作紧密、互帮互助	10	
	工作态度端正、作风严谨	15	
	遵守法律法规和工作准则	10	
工作情况	计划制订周密、组织有序	15	
	按计划、高效率完成工作	20	
	工作成果完整且质量达标	30	
合　　计		100	

(3) 教师就专业操作能力对小组工作过程与结果进行评价，并将评价结果填入专业能力测评表，见表 3-2-7。

表 3-2-7　专业能力测评表

（在□中打√，A 掌握，B 基本掌握，C 未掌握）

业务能力	评价指标	测评结果	备注
调研本地连锁企业单店运营模式	1. 清晰明确运营模式的重要性 2. 调研的信息准确性	□A　□B　□C □A　□B　□C	
根据知识分析企业单店运营模式	1. 准确分析连锁企业门店运营模式 2. 准确把握单店运营模式的内容	□A　□B　□C □A　□B　□C	
根据企业实际情况设计单店运营模式	1. 准确了解设计单店运营模式的内容 2. 准确了解设计单店运营模式的步骤 3. 设计合理的单店运营模式	□A　□B　□C □A　□B　□C □A　□B　□C	
其他			

教师评语：

教师打分		教师签字	

(4) 企业对小组工作过程与结果进行评价，并将结果填入企业评价表，见表 3-2-8。

表 3-2-8　企业评价表

关键考核指标	分值	得分
调研本地连锁企业单店运营模式	30	
分析企业单店运营模式	30	
根据企业实际情况设计单店运营模式	40	
合　　计	100	

(5) 根据上述结果填写综合评价表，见表 3-2-9。

表 3-2-9　综合评价表

自我评价(10%)	小组自评(10%)	教师评价(50%)	企业评价(30%)	综合评价

工作活动 3　单店 SI 系统设计

工作活动目标

(1) 掌握单店 VIS 系统设计的内容；

(2) 掌握单店 VIS 系统设计的步骤。

职业工作情境

SI 系统可以理解成品牌 VI(品牌视觉)在店面终端部分的三维延伸,它演化出空间导视、品牌宣传、陈列规划、动线体验、仓储收纳等空间和道具设计,可以根据需求进行组合,快速形成店铺整体设计,是指导店铺从设计、复制,到施工落地的规范性导则。SI 系统一定程度上将品牌塑造成"超级符号",在消费者认知中形成根深蒂固的品牌印象。

职业知识储备

知识点 1　认识 CIS

一、CIS 的概念

微课 3-5:提升开放创新的职业素养,设计特许单店形象识别的系统

CIS 是 Corporate Identity System 的缩写,意思是企业形象识别系统。20 世纪 60 年代,美国人首先提出了企业的 CI 设计这一概念,美国 IBM 公司是这方面的开创者。CIS 的主要含义是将企业文化与经营理念统一设计,利用整体表达体系(尤其是视觉表达系统),传达给企业内部与公众,使其对企业产生一致的认同感,以形成良好的企业印象,最终促进产品和服务的销售。

二、CIS 的构成

CIS 是由 MI(理念识别,mind identity)、BI(行为识别,behavior identity)、VI(视觉识别,visual identity)三方面组成。

MI 的主要内容包括:企业精神,企业价值观,企业文化,企业信条,经营理念,经营方针,市场定位,产业构成,组织体制,管理原则,社会责任和发展规划等。MI 对内影响企业的决策、活动、制度、管理等,对外影响企业的公众形象、广告宣传等。

BI 包括对内的组织管理和教育,对外的公共关系、促销活动、资助社会性的文化活动等,是一个企业经营管理的具体表现。

VI 是以标志、标准字、标准色为核心展开的完整的、系统的视觉表达体系。将上述的企业理念、企业文化、服务内容、企业规范等抽象概念转换为具体符号,塑造出独特的企业形象。

知识点 2　单店 VI 视觉形象识别系统设计

在 CIS 设计中,VI 设计最具传播力和感染力,最容易被公众接受,特别是对特许经营的单店来说,具有非常重要的意义。

在 CIS 的三大构成中,其核心是 MI,它是整个 CIS 的最高决策层,给整个系统奠定了理论基础和行为准则,并通过 BI 与 VI 表达出来。所有的行为活动与视觉设计都是围绕

着MI这个中心展开的。因此成功的单店VI系统的设计,就是将特许经营品牌的独特风格和精神准确地表达出来。

单店的VI系统设计,主要包括两个层次的设计,第一个层次叫作基本要素系统,包括品牌名称、品牌标志、标准字、标准色、象征图案、吉祥物、宣传口号等设计及其标准的组合规范。第二个层次叫作应用系统,包括产品造型、办公用品、企业环境、交通工具、服装服饰、广告媒体、招牌、包装系统、公务礼品、陈列展示及印刷出版物等,是标志、标准字、标准色等基础要素的具体应用(见表3-3-1)。

表3-3-1　VI视觉形象识别应用系统

序号	类别	内容
1	办公用品	信封、信纸、便笺、名片、徽章、工作证、请柬、文件夹、介绍信、账票、备忘录、资料袋、公文表格等
2	外部建筑环境	建筑造型、旗帜、门面、招牌、公共标识牌、路标指示牌、广告塔、霓虹灯广告、庭院美化等
3	内部建筑环境	内部各部门标识牌、常用标识牌、楼层标识牌、形象牌、旗帜、广告牌、POP广告、货架标牌等
4	交通工具	轿车、面包车、货车等
5	服装服饰	店长制服、管理人员制服、员工制服、礼仪制服、文化衫、领带、工作帽、纽扣、肩章、胸卡等
6	广告媒体	电视广告、杂志广告、报纸广告、网络广告、路牌广告、招贴广告
7	产品包装	纸盒包装、纸袋包装、木箱包装、玻璃容器包装、塑料袋包装、金属包装、陶瓷包装、包装纸
8	公务礼品	T恤衫、领带、领带夹、打火机、钥匙牌、雨伞、纪念章、礼品袋
9	印刷品	企业简介、商品说明书、产品简介、年历等

知识点3　单店SI设计

SI,店面识别,也有人称为空间识别,也就是系统性、规范化、模块化的店铺设计模式,其实质是VI系统在门店整体空间形象设计应用上的延伸。SI设计和规范有利于单店统一形象,能突出塑造单店的品牌特征从而更加吸引消费者,并能节省单店设计装潢的费用、缩短工时,有利于快速开店并方便管理,还能强化加盟者对特许经营品牌的信心。

SI系统设计内容包括:平面系统、天花板系统、地坪系统、壁面系统、招牌系统、展示系统、橱窗系统、照明系统、配电系统、配水系统、空调系统、材料规格等。一般来说,这些系统的设计和规范会形成一本活页式SI标准管理手册,对以上方面的内容进行具体规定,并对施工招标及发包管理进行相应的规定。表3-3-2为某特许专卖店的SI系统规范。

表 3-3-2　某特许专卖店 SI 系统规范（店内设计部分）

序号	类别	具 体 项 目
1	平面分布规划	① 长形专卖店平面分布规划 ② 方形专卖店平面分布规划 ③ 三面靠墙式专柜平面分布规划 ④ 两面靠墙式专柜平面分布规划 ⑤ 单面靠墙式专柜平面 ⑥ 中立式不靠墙平面分布规划
2	色彩规划	① 店面色彩规划 ② 店内主墙色彩规划 ③ 柜台色彩规划 ④ 地板色彩规划 ⑤ 天花板色彩规划 ⑥ 墙体色彩规划 ⑦ 楼梯色彩规划 ⑧ 洗手间色彩规划
3	材质规划	① 天花板材质规划 ② 地板材质规划 ③ 墙体材质规划 ④ 专卖店门面材质规划 ⑤ 招牌材质规划
4	产品陈列设计	① 货架摆放规范 ② 产品堆放规范 ③ 单项产品陈列架 ④ 多项产品陈列架 ⑤ 单项产品陈列平台 ⑥ 多项产品陈列平台 ⑦ 宣传品陈列规范
5	配套用品	① 宣传资料架 ② 产品吊牌 ③ 产品价目牌 ④ 地面 POP 胶贴 ⑤ 楼梯 POP 胶贴 ⑥ 特许经营授权牌

职业技能操练

工作项目

为一家即将开展特许经营业务的连锁企业进行 SI 设计。

项目背景

小张所在的连锁企业因为是刚发展起来的连锁企业,因此其发展模式主要选择直营连锁,为了能够快速进行市场扩张,公司打算拓展特许经营业务,为了能在市场中树立鲜明的企业形象,委派小张进行企业单店的店铺形象识别系统设计。

工作目标
★ 调研本地连锁企业 SI。
★ 根据知识分析企业 SI 优缺点。
★ 根据企业实际情况设计 SI。

工作计划
请将设计企业 SI 系统计划填入表 3-3-3。

表 3-3-3　设计企业单店 SI 系统计划表

工作要点	计划描述
调研本地连锁企业 SI	
分析企业 SI 优缺点	
根据企业实际情况设计 SI	

工作实施
步骤一:进行企业调研。
【基础任务】选择本地一家进行加盟业务的连锁企业进行调研,搜集各种信息。

企业基本情况:

企业 SI 现状分析:

步骤二:SI 设计内容的确定。
【基础任务】对该企业进行分析,确定其 SI 设计定位和风格,进行具体的 SI 内容设计。

企业定位分析:

目标消费者定位分析：

_____

_____

_____

SI 定位：

_____

_____

_____

SI 风格确定：

_____

_____

_____

步骤三：**进行 SI 设计**。
【**基础任务**】基于企业真实情况和市场发展动态，设计企业单店 SI 系统。

平面系统：

_____

_____

_____

天花板系统：

_____

_____

_____

地平系统：

_____

_____

壁面系统：

_____

_____

招牌系统：_____
_____
_____
_____

展示系统：_____
_____
_____
_____

橱窗系统：_____
_____
_____
_____

照明系统：_____
_____
_____
_____

配电系统：_____
_____
_____
_____

配水系统：_____
_____
_____
_____

空调系统：_____
_____
_____

工作项目评价

评价方式采用多元化评价，评价主体由学生、小组、教师与企业构成，评价标准、分值及权重如表3-3-4所示。

（1）学生对自我在工作活动中的职业核心能力进行自评，将自评结果填入职业核心能力自测表，见表3-3-4。

表 3-3-4　职业核心能力自测表

（在□中打√，A 通过，B 基本通过，C 未通过）

职业核心能力	评 估 标 准	自测结果
自我学习	1. 能进行时间管理 2. 能选择适合自己的学习和工作方式 3. 能随时修订计划并进行意外处理 4. 能将已经学到的东西用于新的工作任务	□A　□B　□C □A　□B　□C □A　□B　□C □A　□B　□C
信息处理	1. 能根据不同需求去搜寻、获取并选择信息 2. 能筛选信息，并进行信息分类 3. 能使用多媒体等手段来展示信息	□A　□B　□C □A　□B　□C □A　□B　□C
数字应用	1. 能从不同信息源获取相关信息 2. 能依据所给的数据信息，做简单计算 3. 能用适当方法展示数据信息和计算结果	□A　□B　□C □A　□B　□C □A　□B　□C
与人交流	1. 能把握交流的主题、时机和方式 2. 能理解对方谈话的内容，准确表达自己的观点 3. 能获取信息并反馈信息	□A　□B　□C □A　□B　□C □A　□B　□C
与人合作	1. 能挖掘合作资源，明确自己在合作中能够起到的作用 2. 能同合作者进行有效沟通，理解个性差异及文化差异	□A　□B　□C □A　□B　□C
解决问题	1. 能说明何时出现问题并指出其主要特征 2. 能做出解决问题的计划并组织实施计划 3. 能对解决问题的方法适时做出总结和修改	□A　□B　□C □A　□B　□C □A　□B　□C
革新创新	1. 能发现事物的不足并提出新的需求 2. 能创新性地提出改进事物的意见和具体方法 3. 能从多种方案中选择最佳方案，并在现有条件下实施	□A　□B　□C □A　□B　□C □A　□B　□C
学生自我打分		

（2）学生以小组为单位，对本工作项目的实施过程与结果进行自评，将自评结果填入小组自评表，见表 3-3-5。

表 3-3-5　小组自评表

评价内容	评 价 标 准	分值	评分
团队建设	团队合作紧密、互帮互助	10	
	工作态度端正、作风严谨	15	
	遵守法律法规和工作准则	10	
工作情况	计划制订周密、组织有序	15	
	按计划、高效率完成工作	20	
	工作成果完整且质量达标	30	
合　　计		100	

（3）教师就专业操作能力对小组工作过程与结果进行评价，并将评价结果填入专业能力测评表，见表 3-3-6。

表 3-3-6　专业能力测评表

（在□中打√，A 掌握，B 基本掌握，C 未掌握）

业务能力	评 价 指 标	测评结果	备注
调研本地连锁企业 SI	1. 清晰明确 SI 的重要性 2. 调研的信息准确性	□A　□B　□C □A　□B　□C	
分析企业 SI 优缺点	1. 准确分析连锁企业 SI 2. 准备把握 SI 的内容	□A　□B　□C □A　□B　□C	
根据企业实际情况设计 SI	1. 准确了解 SI 的内容设计 2. 准确了解设计 SI 的步骤 3. 设计合理的 SI	□A　□B　□C □A　□B　□C □A　□B　□C	
其他			

教师评语：

教师打分		教师签字	

（4）企业对小组工作过程与结果进行评价，并将结果填入企业评价表，见表 3-3-7。

表 3-3-7　企业评价表

关键考核指标	分值	得分
调研本地连锁企业 SI	30	
分析企业 SI 优缺点	30	
根据企业实际情况设计 SI	40	
合　　计	100	

（5）根据上述结果填写综合评价表，见表 3-3-8。

表 3-3-8　综合评价表

自我评价(10%)	小组自评(10%)	教师评价(50%)	企业评价(30%)	综合评价

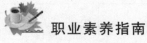

职业素养指南

"家得宝"水土不服，不得不关闭在中国的门店

作为全球最大的家居建材超市、美国第二大零售商，"家得宝"销售各类建材、五金、水暖、厨卫、灯具、电器等，并提供各类相关服务，遍布美国、加拿大、墨西哥和中国，且连续九年被美国《财富》杂志评为"最受欢迎的零售商"，世界 500 强企业。

近几年来，家得宝在中国市场业绩乏善可陈，时至今日，又落得个全部关店的结果。家得宝发表声明，2012 年 9 月 13 日起将全部关闭中国市场上仅剩的七家大型家居建材零售商店,公司的业务重点将转型到专业零售店和网上销售上。

分析家得宝关门闭店的主要原因有:

(1) 以美国经验与模式操作中国的市场,造成水土不服;

(2) 缺乏通过正确分析与评估的单店经营模式,导致连年亏损;

(3) 单店不盈利,总部亏损更大。

家得宝关店的案例,让零售行业的人士不得不重新审视,成功开设一家门店的要素究竟是什么?

素养讨论:

(1) 分析成功开设连锁单店的基础;

(2) 理解单店经营模式的三大构成要素及其相互之间的关系;

(3) 分析家得宝退出中国市场的原因。

 思政教育园地

拒绝盲目跟风,适合的才是最好的

目前各行各业的门店都面临着流量争夺的问题,可以说"得流量者就能得天下",而流量的来源很大程度上取决于门店的选址。很多门店不考虑自身顾客属性,一味追求热门商圈,挤破头也要把店开到人最多的地方。该思路本没错,但忽略了门店处在热门区域面临的租金,以及租金对价格的影响。

比如我们在商场中常见的一些蜜饯、零食小铺,地理位置极好,店铺周边人流量也很大,却总是门可罗雀,原因就是这样好的选址造成了高昂的租金成本,让经营者不得不将成本转嫁至消费者,最终商品的价格高得离谱,甚至出现了很多"话梅刺客""软糖刺客"。而此类商品的目标消费人群大多为年轻人,多数年轻人的消费能力还未能达到这样的高水平,最终让来来往往的目标顾客都望而却步。

思政评析: 在单店选址时,一定要做到合适、合理,绝不能片面追求个别指标进行盲目选址。做人也是同样的道理,每个人的能力、意愿、条件都各有不同,不能一味从众跟风,在职业选择等关键节点,应结合自身情况,选择合适的才是最好的。

工作情境4

特许经营加盟模式设计

➡ 情境目标

【知识目标】

(1) 熟悉特许加盟模式的概念、意义及设计原则；
(2) 了解特许经营权的基本概念及特许经营权的构成，理解和掌握特许经营权设计的基本原则；
(3) 了解和掌握特许经营权组合设计的内容和方法；
(4) 熟悉和掌握特许经营的各种授权模式的特征，以及各自的优缺点；
(5) 熟悉和掌握特许授权模式选择需要考虑的关键因素；
(6) 了解特许经营费用的一般类别，熟悉和掌握特许经营费用设计的内容和方法。

【技能目标】

(1) 能够根据企业实际设计合理的特许经营权；
(2) 能够根据企业实际设计合理的特许经营授权模式；
(3) 能够根据企业实际设计合理的特许经营费用。

【思政目标】

通过连锁企业加盟模式设计真实岗位实践模拟的工作流程，引导学生坚持人人平等的原则，面对受许人时进行换位思考，树立顾客是上帝、己所不欲勿施于人的服务理念，培养学生恪守信誉的职业素养。

➡ 情境导入

小张加盟国际性大型连锁快餐店，了解了特许经营招募计划书的内容，了解加盟后获取的特许权组合、各种授权模式及所需的各种费用类型，估算了加盟体系的收益情况，使她在综合考虑各种条件后下定了决心。

➡ 工作活动

工作活动1　特许经营权设计
工作活动2　特许经营授权模式设计
工作活动3　特许经营费用设计

工作活动 1　特许经营权设计

📖 工作活动目标

（1）掌握特许经营权设计的内容；
（2）掌握特许经营权设计的步骤。

📖 职业工作情境

小张要加盟奶茶店，必须认真了解该企业加盟体系中的核心要素，特别是特许经营权的组合，该要素直接决定将来自身能从连锁企业总部获取的权力组合。

📖 职业知识储备

知识点 1　特许加盟模式概述

一、特许加盟模式的概念

特许加盟模式是指特许人对受许人进行特许经营授权的内容和方式，是特许人和受许人合作双方权利义务关系的总和。

微课 4-1：坚守诚信为本的职业情操，深入学习特许加盟模式的知识

二、特许加盟模式的重要性

特许加盟模式对特许人与受许人来说，均具有重要的意义。

（一）特许加盟模式设计的核心是特许人的"产品"设计

特许加盟模式的内容核心是特许经营权，即特许人通过合同形式授予受许人使用的各项权益的组合，受许人需要向特许人支付相应的加盟费等，以获得这些权益的使用权。从这点来说，特许加盟模式的核心是特许人向受许人出售的"产品"，只不过这些"产品"大多不是以有形物体的形式存在，而是以无形资产的形式存在的。

（二）特许加盟模式是特许经营体系快速发展的前提

一个合适的特许加盟模式，如同一个适销对路的商品，能够很快地获得市场的认同和青睐，从而使特许经营网点得到迅速的发展和扩张。

（三）特许加盟模式是特许人和受许人建立长期合作关系的基础

特许加盟模式是对特许人和受许人合作双方基本权利和义务的设计，是双方长期合作的基础。

（四）特许加盟模式是对特许经营体系的关键控制点之一

一个持续发展的特许经营体系，需要特许人对整个特许经营体系具有较强的控制能力。而特许加盟模式是对特许经营体系进行控制的关键枢纽。

三、特许加盟模式设计的内容

一般来说，特许加盟模式的设计包括特许经营权、授权模式、特许费用三个方面的内容设计。形象地说，我们可以将特许经营权设计看作产品的设计，而授权模式可以看作产品组合销售的方式，特许费用设计则可以看作产品销售的价格设计。

知识点2　特许加盟模式设计的原则

一、双赢原则

双赢原则是特许经营最基本、最重要的原则之一。特许经营是以合同为基础的一种长期的商业合作关系，在这种独特的商业合作机制中，特许经营将特许人和受许人的利益紧密地结合在一起，双方属于一荣俱荣、一损俱损、唇齿相依的合作关系，受许人如果不成功，特许人也难以获得持久的发展；同样，特许人不成功，受许人也难以获得成功。因此，在考虑特许加盟模式设计时，需要审慎平衡特许人和受许人的权利义务关系及商业利益，过于倾斜于任何一方，都可能不利于特许人和受许人双方的长期合作。

二、吸引力原则

特许经营的本质是利用受许人的资源和能力进行市场的扩张。要使受许人愿意进行投入资金和资源，就必须使特许加盟模式对受许人具有吸引力。

一般来说，特许加盟模式的吸引力来源于几个方面。一是要有特色，无论特许经营是销售商品还是提供服务，也不管特许经营销售的是自有品牌还是引进品牌，都必须具有特色，有特色就有市场竞争力。例如7-11在其所提供的产品和服务方面就有自己的清晰特色——"便利"，正是靠着这个特色，它才能成为当今最成功的便利店典范。二是要能赢利，受许人之所以购买某个特许经营权，为的是商业上的赢利目的，所以特许加盟模式必须使受许人相信获得授权后能够产生赢利。三是有支持，受许人的成功需要有特许人的支持，所以在模式设计上就要体现对受许人相应的支持。

三、可控性原则

特许加盟模式设计是对特许经营体系进行控制的源头。不同的特许加盟模式，意味着特许人和受许人之间不同的权利义务关系的组合，意味着特许人对受许人不同的控制和把握程度。例如，在一个特许经营体系发展初期，特许人自身的实力还不够强大，相对而言，采用单店授权比区域授权更加容易控制。即便同样是单店授权，有的还可能采取熟店转让或托管特许的方式，以进一步控制特许经营可能发生的风险。另外，在不同的特许经营体系中，通过特许加盟模式的设计对原材料、客户资源、技术资源等关键经营要素进行限定或控制，也能够起到控制作用。例如，有的餐饮特许经营体系中，要求加盟商必须使用总部提供的汤料和原材料等。

四、合法性原则

特许加盟模式的设计需要符合开展特许经营所在国家的法律法规要求,并能够取得法律的保护。比如,商标权是特许经营权的关键要素之一,而在中国,只有注册商标才能拥有商标权并得到保护,所以要在中国市场开展特许经营,就需要按照中国的商标法进行商标注册。

知识点3　特许经营权的设计

一、特许经营权的概念

特许经营权又称特许权或者特许权组合,是指为了实现一定的商业目的,由特许人拥有并授予受许人使用的、具有市场竞争力的全部商业要素的组合。特许经营权是特许加盟模式的基础和核心部分。

二、特许经营权的构成

构成特许经营权的具体内容称为特许权要素。特许权要素包括特许人的商标、商号、专利、管理和技术诀窍、单店运营管理系统、特许人商品/服务的经销权、特许人商标/标志产品的生产权和分销权,以及特许人区域市场的开发权、管理权等,这些要素都属于特许人的重要权益。我们将这些权益分为基础性权益和限制性权益两大类(见图 4-1-1)。

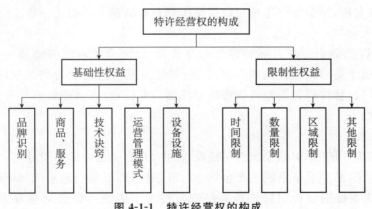

图 4-1-1　特许经营权的构成

微课 4-2:坚守童叟无欺的职业道德,设计特许经营中的基础性权益

微课 4-3:坚守互利共赢的合作理念,设计特许经营的限制性权益

所谓基础性权益,指的是特许权的核心要素,包括品牌识别、商品服务、技术操作、运营管理模式、设备设施等内容。品牌识别即特许经营体系的形象识别系统,如商标、商号、品牌形象系统等。商品服务指的是单店向消费者出售的商品或服务。技术操作指的是特许人的专利技术、技术诀窍等。运营管理模式指的是一个单店日常运营管理的方式方法和诀窍等。设备设施主要包括有关一个单店运营的原料、设备、工具等。

限制性权益主要是针对受许人而言的，即特许人在授予受许人特许经营权时会对其有一定的限制。限制性权益包括时间限制、数量限制、区域限制和其他限制。时间限制指受许人可以使用特许权组合的年限；数量限制指受许人可以开设的单店数目；区域限制指受许人使用特许权组合的区域范围；其他限制指是否允许再特许等。

（一）特许经营基础性权益设计

1. 品牌识别权益

（1）商标权

商标是指任何能够将自然人、法人或者其他组织的商品与他人的商品区别开的可视性标志，包括文字、图形、字母、数字、三维标志和颜色组合，以及上述要素的组合。商标权是开展特许经营的最基础也是最重要的权益之一。

商标设计是一项具有创造性的工作。一个优质的商标设计，能为品牌的传播和塑造带来良好的效果，甚至能够"一鸣惊人"。为此，很多企业都非常重视商标的设计工作，不惜花费重金委托专业机构或向社会广泛征集商标设计方案。

开展特许经营，需具有商标专用权。在我国要取得商标的专用权，必须进行商标注册，没有注册商标，特许经营企业就无法有效地保护自己的知识产权。因此，设计好商标之后，需要按照我国的商标法相关规定进行注册，如果要在国外注册和使用商标，则要符合该国商标法的相关规定。

（2）商号权

商号又称企业字号、企业标志、厂商标志、组织标志，商号主要是指从事生产或经营活动的法人在进行登记注册时用以表示自己组织名称的一部分，是工厂、商店、公司、集团等企业的特定标志和名称，是企业名称中用以区别不同企业的最主要的文字标志，依法享有专有使用权。

一般来说，特许经营企业在开展特许经营业务前，已经有了自己的商号——企业名称。但是在我国，由于商号的保护范围一般只限于企业注册所在地的行政区划内，所以为了更好地保护商号权，特许经营企业可以将商号注册为商标，或者将企业商号更名为注册商标所使用的名称。

（3）品牌形象系统

在本书工作情境3的"单店形象识别系统设计"中，介绍了品牌形象设计的主要内容。对特许经营体系来说，品牌形象系统主要包括VI、SI系统，即形象识别系统和店面识别系统两大部分，VI、SI系统的设计对特许经营品牌塑造及单店的经营起到非常大的作用。VI、SI系统也是特许人一项重要的无形资产。未经过授权许可擅自使用特许人的VI、SI系统，可能会侵犯特许人的商标权、著作权及其他权益。

2. 商品和服务、技术、设备设施权益

（1）商品和服务权益

无论是以商品销售为主还是以提供服务为主的特许经营体系，其商品或服务（包括原材料）的标准、组合、定价及销售，都属于特许经营权的基本内容，特许人可以对此进行明确的规定。

(2) 技术权益

特许经营企业中,有关产品研发、生产加工工艺、销售、服务等方面的技术都可以归属于技术权益的范畴,有的技术可能还属于专利或专有技术。无论是专利还是专有技术,抑或是技术诀窍,都受法律保护。

(3) 设备设施权益

有的特许经营体系中,单店经营所使用的设备设施或材料具有专属性。特许经营企业可以对这些设备、设施、材料的规格、数量、标准等进行明确的规定,有的可以要求必须由特许人或其指定的机构来负责提供。

3. 运营管理模式

在本书工作情境3中,对单店盈利模式和运营模式设计进行了系统的介绍和分析。在一个特许经营体系的单店盈利模式和运营模式中,有关组织、流程、作业标准,以及选址、员工管理、营销策略、客户服务等方面所包含的经营管理诀窍,是特许经营权的重要内容,有的还往往是特许经营单店的成功秘籍,这些内容有的以特许经营操作手册的形式存在,有的在对加盟商的培训或经营管理指导中体现出来。

(二) 特许经营限制性权益设计

1. 时间限制

所谓时间限制,就是特许人授权受许人使用特许经营权的期限,也就是一份特许经营合同的期限。

特许经营期限的长短,在一定程度上反映特许经营市场环境和特许经营体系的成熟程度。相对于国外的特许经营期限通常为10～20年,我国的特许经营期限普遍较短,一般为3～5年,甚至更短的时间。我国颁布的《商业特许经营管理条例》第十三条规定:"特许经营合同约定的特许经营期限应当不少于3年。但是,被特许人同意的除外。"这与我国的特许经营发展目前还未达到成熟阶段有关。

另外,特许经营期限也一定程度上影响着加盟投资者的投资心态,特许经营期限相对较长,有利于树立加盟投资者长久经营的信心,但是不利于特许经营体系的调整;反之如果期限较短,虽然便于特许经营体系调整,但容易影响加盟投资者的加盟决心,不利于特许经营扩张,或者导致加盟投资者急功近利的短期经营行为,对特许经营品牌带来巨大的负面影响。

因此,在考虑特许经营合同期限设计的时候,需要综合考虑特许人自身的实力、特许经营体系的完善程度,以及特许经营市场和受许人的情况。在特许人自身实力还不够强大、管理体系还不够完善、特许经营市场和加盟者群体还不够成熟的情况下,特许经营期限可以考虑短一些,以便于特许经营体系的调整。随着特许人实力和管理能力的增强,特许经营期限可以考虑长一些,这样一方面有利于加强加盟投资者的投资信心和建立长久经营的信念,另一方面也可以减少特许人在加盟招募方面的投入及特许经营体系的管理成本。

2. 区域限制

所谓区域限制,就是特许人授予受许人使用特许经营权的地理性区域范围。授权区域范围包括两种基本的情况。

一种情况是在一定区域范围内授权受许人开设一个店,这个时候的区域范围就是加盟店的区域保护范围或者商圈保护范围。如果授权的区域范围过大,加盟店的经营能力不足以辐射该区域,对特许人和受许人来说,都是市场资源的一种浪费。如果授权区域范围过小,可能因商圈范围过小不足以支撑加盟店的经营,或者加盟店开店过于密集而导致同一特许经营品牌的恶性竞争,有的还可能影响加盟者的投资和经营心态,比如怕给别的加盟店做了嫁衣而不愿意在当地进行广告营销投入等。因此,在考虑单店的区域授权范围时,首先,对单店模式进行分析,确定一个单店的经营需要多大的市场和商圈范围来支撑;其次,对计划开店的市场和商圈进行评估,以具体确定该加盟店的商圈授权范围;最后,对加盟者的经营管理能力、投资能力和加盟心态进行综合考察,给具有一定潜力的加盟者树立信心并留有发展空间。另外,加盟店授权范围还需要结合市场竞争等状况,考虑具有竞争优势的合理的开店布局。

另一种情况是在一定的区域范围内授权受许人开设多个加盟店,这种情况属于特许经营区域授权的模式。

3. 数量限制

所谓数量限制,是指一个特许经营合同下,授权受许人开设多少个单店。如果是单店授权,当然只允许开设一个单店。如果属于区域加盟授权,则会设计开设多个单店的授权。这种情况下,一般会约定在一定时间和范围内开店的具体数量的上限和下限。具体数量的确定,应该结合特许经营授权区域范围、时间期限、受许人实力、竞争状况等综合因素来确定。

4. 其他限制

其他限制可能涉及以下两个方面。

(1) 商品和服务经营范围的限制

有的特许经营体系,其基本相同的单店经营模式,可能因单店规模、市场状况的不同,而在加盟店的商品和服务经营范围上有所不同。这个时候,特许人会对授权加盟店经营的商品和服务范围进行规定。

(2) 再特许限制

所谓再特许就是受许人在获得特许人的授权后,能够再授权第三者开设特许加盟店。是否允许受许人进行再特许需要根据特许人的经营战略、市场策略、管理能力等相关因素来确定。

职业技能操练

工作项目

调研一家开展特许业务的连锁企业并为其设计特许权组合。

项目背景

选择当地的一个开展特许业务的连锁企业,最好该连锁企业在当地已经有多家分店,在对该连锁企业进行调研分析的基础上,为其设计一个合适的特许权组合。

工作目标

★ 至少走访三家连锁企业,调研其特许体系中的特许权组合情况。

★ 根据调研情况选择其中一家连锁企业,分析该企业特许权组合的优缺点。
★ 根据企业实际情况为其设计合适的特许权组合。

工作计划

请将设计连锁企业特许经营权组合计划填入表 4-1-1。

表 4-1-1　设计连锁企业特许经营权组合计划表

工作要点	计划描述
调研其特许体系中的特许权组合	
分析该企业特许权组合的优缺点	
设计合适的特许权组合	

工作实施

步骤一:调研连锁企业特许体系中的特许权组合。

【基础任务】至少走访三家连锁企业总部,选择其中一家收集该企业特许权组合信息。

企业概述:

现有特许权组合:

优缺点:

步骤二:根据调研情况分析该企业特许权组合要素。

【基础任务】对所选企业特许业务中的特许权组合做进一步的信息调研,了解其特许权组合要素。

基础性权益:

限制性权益：_____

_____

其他：_____

_____

发现问题：_____

_____

原因：_____

_____

提出改进建议：_____

_____

步骤三：根据企业实际情况为其设计合适的特许权组合。
【基础任务】根据该企业现有特许权组合现状，为其设计合适的特许权组合。
基础性权益：_____

_____

限制性权益：_____

_____

其他权益：_____

_____

工作项目评价

评价方式采用多元化评价，评价主体由学生、小组、教师与企业构成，评价标准、分值

及权重如下表所示。

（1）学生对自我在工作活动中的职业核心能力进行自评，将自评结果填入职业核心能力自测表，见表 4-1-2。

表 4-1-2　职业核心能力自测表

（在□中打√，A 通过，B 基本通过，C 未通过）

职业核心能力	评 估 标 准	自测结果
自我学习	1. 能进行时间管理 2. 能选择适合自己的学习和工作方式 3. 能随时修订计划并进行意外处理 4. 能将已经学到的东西用于新的工作任务	□A　□B　□C □A　□B　□C □A　□B　□C □A　□B　□C
信息处理	1. 能根据不同需求去搜寻、获取并选择信息 2. 能筛选信息，并进行信息分类 3. 能使用多媒体等手段来展示信息	□A　□B　□C □A　□B　□C □A　□B　□C
数字应用	1. 能从不同信息源获取相关信息 2. 能依据所给的数据信息，做简单计算 3. 能用适当方法展示数据信息和计算结果	□A　□B　□C □A　□B　□C □A　□B　□C
与人交流	1. 能把握交流的主题、时机和方式 2. 能理解对方谈话的内容，准确表达自己的观点 3. 能获取信息并反馈信息	□A　□B　□C □A　□B　□C □A　□B　□C
与人合作	1. 能挖掘合作资源，明确自己在合作中能够起到的作用 2. 能同合作者进行有效沟通，理解个性差异及文化差异	□A　□B　□C □A　□B　□C
解决问题	1. 能说明何时出现问题并指出其主要特征 2. 能做出解决问题的计划并组织实施计划 3. 能对解决问题的方法适时做出总结和修改	□A　□B　□C □A　□B　□C □A　□B　□C
革新创新	1. 能发现事物的不足并提出新的需求 2. 能创新性地提出改进事物的意见和具体方法 3. 能从多种方案中选择最佳方案，并在现有条件下实施	□A　□B　□C □A　□B　□C □A　□B　□C
学生自我打分		

（2）学生以小组为单位，对本工作项目的实施过程与结果进行自评，将自评结果填入小组自评表，见表 4-1-3。

表 4-1-3　小组自评表

评价内容	评价标准	分值	评分
团队建设	团队合作紧密、互帮互助	10	
	工作态度端正、作风严谨	15	
	遵守法律法规和工作准则	10	
工作情况	计划制订周密、组织有序	15	
	按计划、高效率完成工作	20	
	工作成果完整且质量达标	30	
合　计		100	

(3) 教师就专业操作能力对小组工作过程与结果进行评价,并将评价结果填入专业能力测评表,见表 4-1-4。

表 4-1-4　专业能力测评表

(在□中打√,A 掌握,B 基本掌握,C 未掌握)

业务能力	评价指标	测评结果	备注
调研其特许体系中的特许权组合	1. 调研信息的完整性 2. 调研信息的准确性	□A　□B　□C □A　□B　□C	
分析该企业特许权组合的优缺点	1. 了解特许权组合的内容 2. 准确分析特许权组合的优缺点	□A　□B　□C □A　□B　□C	
设计合适的特许权组合	1. 根据设计原则设计特许权组合 2. 根据设计原则判断特许权组合的优越性 3. 特许权组合设计的合理性	□A　□B　□C □A　□B　□C □A　□B　□C	
其他			

教师评语:

教师打分		教师签字	

(4) 企业对小组工作过程与结果进行评价,并将结果填入企业评价表,见表 4-1-5。

表 4-1-5　企业评价表

关键考核指标	分值	得分
调研其特许体系中的特许权组合	30	
分析该企业特许权组合的优缺点	30	
设计合适的特许权组合	40	
合　　计	100	

(5) 根据上述结果填写综合评价表,见表 4-1-6。

表 4-1-6　综合评价表

自我评价(10%)	小组自评(10%)	教师评价(50%)	企业评价(30%)	综合评价

工作活动 2　特许经营授权模式设计

工作活动目标

(1) 掌握特许经营授权模式的设计内容;

(2) 掌握特许经营授权模式的设计步骤。

职业工作情境

小张要加盟奶茶店,必须认真了解该企业加盟体系中的核心要素,特别是特许授权模式,该要素直接决定将来自身发展的规模。

职业知识储备

知识点 1 特许经营授权模式选择

特许经营授权模式是指特许人将特许经营权授予受许人的方式,主要分为单店特许授权、区域特许授权两大类型。不同授权模式的主要区别在于授权的区域范围、单店数量及是否允许再特许。另外,我们还将介绍代理授权和委托加盟授权两种比较特殊的授权方式。

微课 4-4:秉持和衷共济的职业精神,深入认知特许经营的授权模式

一、单店特许授权模式

单店特许授权也称单元式特许,是指特许人与受许人直接签订特许经营合同,授予受许人使用商标、商号、经营模式等经营资源以在某个地点开设一个单店的权利的授权模式(见图4-2-1)。

单店特许适用于在较小的市场区域内发展特许网点。其优点是:特许人可以直接控制加盟店;对受许人的资金实力要求相对较低,因没有区域独占,不会给特许人构成威胁。其缺点是:网点发展速度慢,总部对加盟店进行支持管理的投入较大,并且单店特许限制了有实力的受许人加盟特许经营体系。

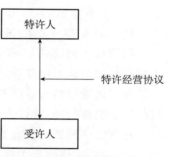

图 4-2-1 单店特许授权模式

单店特许授权模式在具体操作中,可以分为普通单店特许、熟店转让和托管特许三种方式。

(一)普通单店特许

普通单店特许即授权受许人投资开设一个新的单店,或者在受许人原有门店基础上按照特许人的统一模式和要求改造新的单店,由受许人负责加盟店的日常经营管理。这是最普遍和常见的一种单店特许授权方式,适合广大的创业投资者加盟,也适合一些传统业态的门店进行整体升级,因而具有很大的发展空间。

(二)熟店转让

所谓熟店转让,就是特许人将原来属于自己的经营成熟的直营店,整体转让给受许人经营。在中国,熟店转让的经典案例是肯德基,它实行所谓"不从零开始"的特许经营策略,即将一家成熟的正在营业的肯德基餐厅,按照评估价格整体转让给通过了资格评估的加盟申请人,同时授权其在原餐厅位置使用肯德基品牌继续经营。加盟商是接手一家已在营业的肯德基餐厅,而不是开设新的餐厅,加盟商无须从零开始筹备建店,避免了自行

选址、开店、招募及培训新员工等大量的工作,从而降低了加盟商的风险,提高了成功的概率。也就是说,不是加盟商自行选地址,不是加盟商提供门面房,不是加盟商自己装修……而是通过"转让"的形式获得一家现有的肯德基餐厅。这是现阶段肯德基在中国市场开展特许经营的一个最佳方式。肯德基采取"不从零开始"的加盟策略,使得加盟店的成功率接近100%。

"熟店转让"模式可以避免加盟店因经营不善而可能给品牌带来的负面影响,但是对特许人来说,前期开店的投资和风险较高,因而要求特许人在单店经营管理上具有极高的能力,否则一个单店无法盈利,也就无法进行"熟店转让"了。

(三)托管特许

所谓托管特许,是指在特许经营合同的基础上,受许人与特许人再签订委托经营管理合同,委托特许人对加盟店进行管理,由特许人派出人员负责加盟店的日常经营管理。托管特许经营是国际酒店业非常流行的一种方式,比如如家、锦江之星等经济型酒店,很多的加盟店就是采取托管特许的方式。在其他行业如餐饮业,一方面可能受许人本人不想过多参与加盟店的日常运营,另一方面特许人也想加强对加盟店的管理和控制,因而也会采取托管特许经营的方式。比如,国内的全聚德、谭鱼头等餐饮企业,都采取过托管特许的模式。

托管特许的特点是:受许人之间及受许人与特许人之间的资产都是相互独立的;特许人拥有各加盟店的经营权,但不对盈利承诺;各受许人只有建议权、监督权和利益分享权,并需要支付管理费和各项费用;除主要管理人员外,其他人员都由特许人指导招聘,但人员归各加盟商管理,特许人不负担工资及其他责任。

托管特许模式的优点是有利于总部对加盟店的运营管理掌控。其缺点是受许人没有经营自主权,工作的自主性受到限制,还会增加对特许人的依赖性;另外,特许人需要有很强的管理控制能力、人员开发与培训能力,因而对特许人的要求也非常高。

二、区域特许授权模式

区域特许授权模式指受许人被许可在一个独占的市场区域内开设并运营多个单店。在区域特许授权模式中,区域受许人往往也被称为区域加盟商(见图4-2-2)。

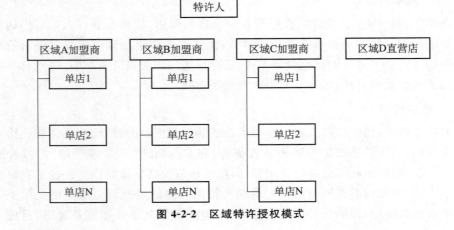

图4-2-2 区域特许授权模式

总体来讲,相对于单店特许授权,区域特许授权的优势在于能够利用区域受许人的能力和资源,获得更加快速的发展,但不利之处在于对特许人的控制能力提出了巨大挑战。

根据具体的区域特许授权内容和方式的不同,区域特许授权还可以分为区域开发特许、二级特许、复合特许、混合结构特许等几种授权模式。

(一)区域开发特许授权模式

区域开发特许授权模式是指特许人赋予受许人(区域开发商)在规定区域、规定时间开设规定数量的加盟网点的权利。其特点是由区域开发商(受许人)直接投资、建立、拥有和经营加盟网点,该加盟者不得再行转让特许权;开发商(受许人)要为获得区域开发权缴纳一笔费用;开发商(受许人)要遵守开发计划(见图4-2-3)。

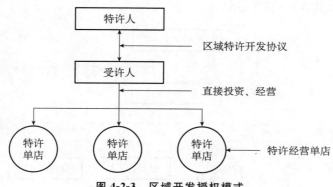

图4-2-3 区域开发授权模式

区域开发特许模式适用于在一定的区域(如一个地区、一个省乃至一个国家)发展特许网络,通过借助区域开发商的资金、资源和市场开发能力,使经营网点得到迅速的发展,迅速获得规模效应。另外对特许人来说,利用这种方式来开拓新市场的前期风险也比较小。星巴克、必胜客在早期进入中国市场的时候,均采取了区域开发特许模式。但采取区域开发特许模式,当区域开发商将经营网点发展到一定的规模时,特许人对这些经营网点的控制力非常弱,容易对品牌造成威胁,也不利于特许人对整体市场进行统一规划和协调。正因此,星巴克和必胜客在近年都已经调整了其在中国的发展战略,将区域经营权收回,将加盟店进行回购,改为直营连锁。

(二)二级特许授权模式

二级特许也叫分特许或分区特许(见图4-2-4),是指特许人赋予受许人在指定区域销售特许权的权利。特许者与二级特许者(分特许人)签订授权合同,二级特许人(分特许人)要向特许人支付数目可观的特许费;二级特许人(分特许人)在其获得授权的区域范围内扮演着特许人的角色,与加盟

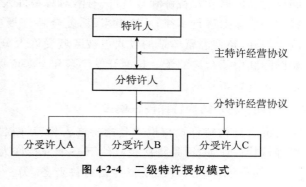

图4-2-4 二级特许授权模式

者签订特许合同。二级特许授权模式是开展跨国特许的主要方式之一。

二级特许的优势在于网点的扩张速度快,特许人没有管理每个加盟者的任务和相应的经济负担,二级特许人可根据当地市场特点改进特许体系;其对特许人的不利之处在于把管理权和特许费的支配权交给了二级特许人,并对二级特许人产生过度依赖,对特许合同的执行缺乏保证,另外特许经营的收入也被分流了。

(三) 复合特许授权模式

简单地说,复合特许授权模式是区域开发特许加二级特许(分特许)的复合模式,是指特许人将一定区域内的独占特许权授权给受许人,受许人一方面作为区域特许开发商,在该区域内可以自行投资开设加盟店;另一方面也可以作为二级特许人(分特许人)再次授权给下一个受许人投资和经营加盟店,同时将他从别人手中收取的加盟费和权益金需按一定比例上缴给特许人(见图4-2-5)。

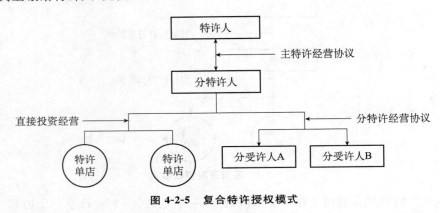

图 4-2-5　复合特许授权模式

例如,7-11 在中国台湾和中国香港等地区,采取的就是复合特许授权的模式。在中国台湾,7-11 的区域受许人是中国台湾的统一超商,从 1978 年开始,统一超商以自营和加盟的方式发展 7-11 便利店。亚洲著名的零售集团——香港牛奶有限公司在取得 7-11 在中国香港、澳门及中国内地广东地区的特许经营授权后,也同样以自营和加盟的方式进行发展。

复合特许授权模式兼有区域开发特许和分特许的优点,能够借助区域受许人的资源和力量快速拓展市场,在特许经营体系的发展上具有一定的灵活性,容易适应当地市场。同样也和区域开发特许和分特许一样,对总特许人来说,采用复合特许授权模式不容易对特许经营体系进行掌控,从这点来讲,复合特许授权模式主要适合于像 7-11 这样的大品牌。另外,特许经营体系的收入也被区域受许人分流,因此,7-11 在中国除了分别授权牛奶国际和中国台湾的统一超商开发广东和上海市场以外,在北京,7-11 是采取合资的方式来直接开发市场的。

(四) 混合结构特许授权模式

混合结构特许授权模式是指特许人将特许权授权给分特许人,分特许人自己并不直接经营特许业务,而是再次授权给下一个分特许人去经营特许业务。在下一个分特许人中,一部分分特许人自己投资经营特许业务,另一部分可以在授权范围内再次授权给更小的分特许人去经营特许业务(见图4-2-6)。

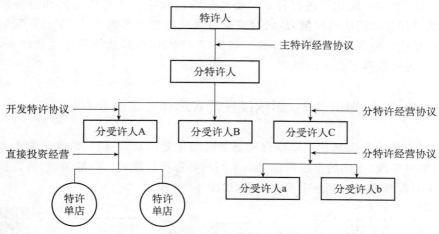

图4-2-6 混合结构特许授权模式

混合结构特许授权实质是分特许授权模式与复合特许授权模式的结合,其结构非常复杂,一般适应于跨国特许经营业务,虽然能够利用受许人的资源进行市场拓展,但是总特许人对特许经营体系的控制权比较弱。

三、其他类型的授权模式

(一)代理发展授权模式

代理发展授权模式中,特许人授权特许代理商为特许人招募加盟者。特许人与特许代理商签订代理合同,特许代理商作为特许人的一个代理服务机构,代表特许者招募加盟者,为加盟者提供指导、培训、咨询、监督和支持。而与加盟者建立的特许经营合同,则由特许人与加盟者直接签署,代理商不构成特许合同的主体。代理发展授权模式的本质不是特许经营授权,而是商事代理行为。代理发展授权是开展跨国特许的主要方式之一,例如赛百味就是采取代理发展授权模式的典型。

代理发展授权模式的优势在于:特许人利用代理商的资源可以进行快速扩张,减少了特许人开发特许网络的费用支出;特许人能够对特许权的销售保持较强的控制力,并对受许人实施有效控制而不会过分依赖代理商;特许人可以直接收取特许费,并能够方便地中止特许合同。其缺点在于:特许人要对代理商的行为负责,并要承担被加盟者直接起诉的风险;由于其大多属于跨国性代理授权业务,还需要承担汇率等方面的其他风险。

(二)委托加盟授权模式

在特许经营的具体实践中,特许人常常根据具体情况进行授权模式的创新。例如,在不同地区、特许经营发展的不同阶段,因地制宜地采取不同的授权模式,或将上述几种类型授权模式甚至将特许经营和直营连锁加以变形,或进行混合使用。委托加盟授权就是将直营连锁与特许经营模式进行结合的一种授权模式。

委托加盟授权模式的具体操作是由总部将自己的直营店委托给加盟者来进行具体的

经营管理,加盟者需要缴纳一定的加盟费,但不需要负责店面的投资和租金,总部和加盟者按照营业利润的一定比例进行分成。委托加盟授权结合了直营连锁和特许经营的优势,总部能够保持对门店的控制力,同时又通过委托加盟经营的方式,充分调动加盟者的积极性,使单店的经营更加灵活和高效。例如,7-11、OK便利店等特许经营体系,均采取委托加盟的方式取得了很大的成功。

知识点2　影响授权模式选择考虑的要素

特许授权模式的选择往往是特许经营制胜的重要因素,不同的特许经营企业在不同的发展时期和阶段、不同的市场可能采取不同的特许授权模式。一般来说,特许授权模式的选择,主要需要考虑以下六个关键因素,如图4-2-7所示。

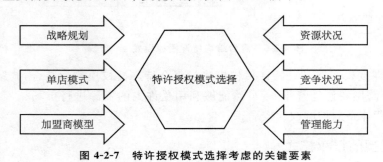

图 4-2-7　特许授权模式选择考虑的关键要素

微课 4-5:秉持和谐共赢的合作理念,理解授权模式选择的考虑因素

一、战略规划

特许加盟作为一种商业模式,是为战略服务的。在进行特许模式选择时,首先要考虑其能否与战略匹配,能否有助于战略目标的实现。从某种程度上讲,战略决定特许模式的选择。

发展初期阶段的特许经营体系,应当以单店授权模式为主,这既有利于特许人对特许经营体系的管理与控制,也有利于受许人专心致志地经营其加盟店。

当一个特许经营体系发展到一定规模后,可以考虑采取区域开发特许授权的模式。比如可以从某区域现有的单店加盟商中,选择一个成熟且具有实力的加盟商,授予其在某一区域开设多家单店的权利。

当一个特许经营体系发展到更大规模之后,并且需要进行更大或更快的市场扩张,比如开展跨国业务时,特许人可以考虑采用分特许授权模式或复合特许授权模式。但采用这些授权模式,特许人需要承担非常大的品牌风险,对特许人的管理控制能力提出了巨大挑战。

二、单店模式

单店模式需要考虑两大因素。一是单店模式复制的难易程度。比如,服务型模式比产品销售型模式复制起来要难一些,因为服务型模式往往对人的依赖性更强,标准化程度相对较低,如果采取区域授权较容易失控。二是单店规模,包括投资规模和经营规模。如果单店规模小、投资少、运营管理相对简单,那么采取区域授权可以达到降低成本、快速发展的目的。反之,如果单店规模大,采取单店直接授权方式可能更合适。

三、加盟商模型

不同的特许经营项目,对加盟商在理念、资金、经营管理等方面的能力素质要求往往有较大的差异。即使是同一项目,单店加盟商和区域加盟商的素质模型也不一样。因此,在选择特许授权模式时,需要考虑按素质模型的要求是否容易找到合格的加盟商。否则,不仅达不到"借力"的效果,还容易使整个特许经营体系和品牌受到伤害。像肯德基等国际特许经营品牌,之所以在中国采取"不从零开始"的"熟店转让"模式,主要也是考虑目前中国市场还处在尚未成熟的阶段,加盟商在单店开业运营前期经营能力有局限性。

四、资源状况

特许授权模式的选择需要结合总部(特许人)的资源,特别是人力、资金等方面的资源状况。在开发一个新的市场而资源相对缺乏或对当地市场缺乏了解时,一般采取区域授权模式。例如星巴克、必胜客等在刚开始进入中国市场发展时,就是采取区域授权的模式。资源丰富并且自身能力较强时,可以由总部(特许人)在区域市场建立区域总部(管理中心),采取单店授权模式进行发展。例如,肯德基在中国各个区域市场建立的数十家分公司或子公司,充当区域总部的角色,负责对区域内的单店进行运营管理。

五、竞争状况

从市场竞争角度看,"攻其短"是一种重要的竞争策略,授权模式本身也是一种竞争武器。假如竞争对手采取单店特许,其弱点往往是扩张慢、市场覆盖面窄、缺乏规模效应,那么这时可以根据自身情况,考虑区域特许授权策略进行快速扩张,抢夺市场,快速形成规模。反之,若对手采取区域特许授权,市场面大、战线长,往往对加盟店终端的管控能力弱,这种情况下,采取聚焦市场、精耕细作的单店授权策略,更容易将貌似庞然大物的对手击垮。

六、管理能力

总部需具备较高的管理能力,主要体现在单店盈利、单店运营标准化及对整个体系的支持控制等方面。这种管理能力的建立和提升,需要以完善的特许连锁管理体系为基础。以完善的管理体系为基础的区域授权模式有助于快速扩张;反之,如果管理体系不到位、管理能力弱,采取区域授权则易失去控制。

◆ 职业技能操练

工作项目

调研一家开展特许业务的连锁企业并为其设计特许授权模式。

项目背景

选择当地的一个开展特许业务的连锁企业,最好该连锁企业在当地已经有多家分店,在对该连锁企业进行调研分析的基础上,为其设计一个适合的授权模式。

工作目标
★ 至少走访三家连锁企业,选择其中一家调研其特许体系中的授权模式。
★ 根据调研情况分析该企业授权模式的优缺点。
★ 根据企业实际情况为其设计合适的授权模式。

工作计划
请将设计连锁企业授权模式计划填入表 4-2-1。

表 4-2-1 设计连锁企业授权模式计划表

工作要点	计划描述
调研其特许体系中的授权模式	
分析该企业授权模式的优缺点	
设计合适的授权模式	

工作实施
步骤一:调研连锁企业特许体系中的授权模式。
【基础任务】至少走访三家连锁企业总部,选择其中一家收集该企业授权模式。

企业概述:_____
_____

现有授权模式:_____
_____

优缺点:_____
_____

步骤二:根据调研情况分析该企业授权模式的优缺点。
【基础任务】对所选企业特许业务中的授权模式进一步信息调研,了解其授权模式的优缺点。

工作情境 4　特许经营加盟模式设计

单店授权模式：

区域授权模式：

其他授权模式：

发现问题：

原因：

提出改进建议：

步骤三：根据企业实际情况为其设计合适的授权模式。
【基础任务】根据该企业现有授权模式现状，为其设计合适的是授权模式。

单店授权：

区域授权：

其他授权：

设计理由：

📌 工作项目评价

评价方式采用多元化评价，评价主体由学生、小组、教师与企业构成，评价标准、分值及权重如下表所示。

（1）学生对自我在工作活动中的职业核心能力进行自评，将自评结果填入职业核心能力自测表，见表4-2-2。

表 4-2-2 职业核心能力自测表

（在□中打√，A 通过，B 基本通过，C 未通过）

职业核心能力	评 估 标 准	自测结果
自我学习	1. 能进行时间管理 2. 能选择适合自己的学习和工作方式 3. 能随时修订计划并进行意外处理 4. 能将已经学到的东西用于新的工作任务	□A □B □C □A □B □C □A □B □C □A □B □C
信息处理	1. 能根据不同需求去搜寻、获取并选择信息 2. 能筛选信息，并进行信息分类 3. 能使用多媒体等手段来展示信息	□A □B □C □A □B □C □A □B □C
数字应用	1. 能从不同信息源获取相关信息 2. 能依据所给的数据信息，做简单计算 3. 能用适当方法展示数据信息和计算结果	□A □B □C □A □B □C □A □B □C
与人交流	1. 能把握交流的主题、时机和方式 2. 能理解对方谈话的内容，准确表达自己的观点 3. 能获取信息并反馈信息	□A □B □C □A □B □C □A □B □C
与人合作	1. 能挖掘合作资源，明确自己在合作中能够起到的作用 2. 能同合作者进行有效沟通，理解个性差异及文化差异	□A □B □C □A □B □C
解决问题	1. 能说明何时出现问题并指出其主要特征 2. 能做出解决问题的计划并组织实施计划 3. 能对解决问题的方法适时做出总结和修改	□A □B □C □A □B □C □A □B □C
革新创新	1. 能发现事物的不足并提出新的需求 2. 能创新性地提出改进事物的意见和具体方法 3. 能从多种方案中选择最佳方案，并在现有条件下实施	□A □B □C □A □B □C □A □B □C
学生自我打分		

（2）学生以小组为单位，对本工作项目的实施过程与结果进行自评，将自评结果填入小组自评表，见表4-2-3。

表 4-2-3　小组自评表

评价内容	评 价 标 准	分值	评分
团队建设	团队合作紧密、互帮互助	10	
	工作态度端正、作风严谨	15	
	遵守法律法规和工作准则	10	
工作情况	计划制订周密、组织有序	15	
	按计划、高效率完成工作	20	
	工作成果完整且质量达标	30	
	合　　计	100	

（3）教师就专业操作能力对小组工作过程与结果进行评价，并将评价结果填入专业能力测评表，见表4-2-4。

表 4-2-4　专业能力测评表
（在□中打√，A 掌握，B 基本掌握，C 未掌握）

业务能力	评 价 指 标	测评结果	备注
调研其特许体系中的授权模式	1. 调研信息的完整性 2. 调研信息的准确性	□A　□B　□C □A　□B　□C	
分析该企业授权模式的优缺点	1. 了解授权模式的类型 2. 准确分析授权模式的适用性	□A　□B　□C □A　□B　□C	
设计合适的授权模式	1. 根据设计原则设计授权模式 2. 根据设计原则判断授权模式的优越性 3. 授权模式设计的合理性	□A　□B　□C □A　□B　□C □A　□B　□C	
其他			

教师评语：

教师打分		教师签字	

（4）企业对小组工作过程与结果进行评价，并将结果填入企业评价表，见表4-2-5。

表 4-2-5　企业评价表

关键考核指标	分值	得分
调研其特许体系中的授权模式	30	
分析该企业授权模式的优缺点	30	
设计合适的授权模式	40	
合　　计	100	

(5) 根据上述结果填写综合评价表,见表 4-2-6。

表 4-2-6 综合评价表

自我评价(10%)	小组自评(10%)	教师评价(50%)	企业评价(30%)	综合评价

工作活动 3　特许经营费用设计

工作活动目标

(1) 掌握特许经营费用设计的内容;
(2) 掌握特许经营费用设计的步骤。

职业工作情境

小张想要加盟奶茶店,必须认真了解该企业加盟体系中的核心要素,特别是特许费用的组合,该要素直接决定将来自身的收益。

职业知识储备

微课 4-6:秉持公平公正的商业理念,学习特许费用设计的基础知识

知识点　特许经营费用设计

在特许经营体系中,特许人出售的核心商品本质上是品牌、经营模式等无形资产,但出售的不是无形资产的所有权,而是使用权。无形资产的使用,会给受许人带来经济利益,且带来经济利益的大小很大程度上取决于无形资产的投入成本。特许人转让无形资产使用权的目的就是获取收益,因此必须收取转让使用费用,即特许经营费用。

特许经营费用主要分为加盟费、特许权使用费、广告基金、保证金及其他费用等。其他费用包括培训费、特许经营转让费、设备费、原料和产品费等。

一、加盟费

(一) 加盟费的概念

加盟费又称加盟金、初始特许费,是特许人将特许经营权授予受许人时所收取的一次性费用。对于特许者来说,收取加盟费是对开发出一个成功经营模式的补偿,是对预先投入的回报;对于受许人来说,交付加盟费是购买一个成功的运作模式,是一种投资。

(二) 影响加盟费标准的主要因素

影响加盟费多少的因素是多方面的,一般来说有以下几个。

1. 品牌价值

品牌价值对加盟费有着重要影响。在某种意义上说,加盟费实质上是一种"入门费",

体现的是特许人所拥有的品牌价值。品牌价值高，知名度和美誉度高，愿意加盟的人就多，加盟费就高；反之加盟费就低，甚至为零。例如，麦当劳的加盟费为4.5万美元，而我国有些特许经营企业根本不收加盟费。

2. 单店盈利能力

如果单店盈利能力强，加盟投资回报率高，投资回报周期短，受许人往往愿意接受相对更高一些的加盟费。

3. 开发成本及其他支出

即开发特许经营权所投入的成本，包括品牌、商标、形象系统、专利技术、经营模式等。总体来讲，开发成本越高，加盟费可能越高。当然，不可能将所有的开发成本让一个或几个受许人分摊。

其他支出包括特许推广与加盟招募费用、加盟店开业前培训支持等方面的费用等。

4. 区域范围与合同期限

一般来说，授权区域越大，加盟费越高；反之则越低。同样，特许经营期限越长，加盟费也越高；反之则越低。

5. 其他因素

比如市场竞争或特许人发展战略等因素。当特许人想要快速扩张时，可能会考虑降低加盟费门槛甚至不收取加盟费；而想要控制特许经营单店发展的速度和质量时，则会提高加盟费门槛。

总之，加盟费标准既要考虑受许人的承受能力，又要考虑自身投资的收回，同时还要考虑品牌价值。纵观全球主要的特许经营企业，加盟费收取的标准一般为加盟店投资的5%～10%。例如，开办一家特许餐厅的投资为200万元，那么初始费为10万～20万元。当然，如果特许经营项目投资额过小，也可能超过这个比例。

（三）加盟费的收取方式

加盟费的收取一般都采用现金形式，并且一般特许经营合同都规定，加盟费缴纳后，不管是合同到期还是中途退约或其他情况，加盟费都不予返还。

有的特许人不收取加盟费，而是通过从给受许人提供的设备器材、产品或服务中进行加价来获得回报，其实质是一种变相收取加盟费的方式。

二、特许权使用费

（一）特许权使用费的概念

特许权使用费通常也称为后续特许经营费、管理费、权益金，是指特许人为了对受许人提供不间断的支持和服务，按一定的标准或比例向受许人定期收取的费用。对特许者来说，收取后续费是对受许人提供持续培训与指导的成本回收，体现的是特许人向受许人提供的持续支持和指导的价值。对受许人来说，交付后续费是购买特许者不间断的支持与服务的唯一重要的保证。

（二）影响特许权使用费标准的因素

不同行业或不同的特许经营企业，其特许权使用费收取的标准是不一样的。特许权使用费收取的基本原则是受许人能够承受，同时也能支撑特许人对特许经营体系进行支持和维护的运营成本和费用。影响特许权使用费标准的因素包括以下几点。

（1）特许经营权的价值，包括特许经营品牌价值、给受许人能够带来的收益大小等。

（2）特许人给予受许人日常运营管理进行培训和支持的费用。

（3）特许经营总部日常运营的成本。

（三）特许权使用费收取的形式

特许权使用费基本的收取方式有两种：一种是按营业额比例收取，另一种是定额收取。

两种方式各有利弊。按营业额或利润额的一定百分比来收取特许权使用费，最大困难在于如何真实地掌握受许人的实际营业额，除非按照他们从特许人手中的实际采购额来计算，但这种情况下也必须保证特许者是唯一的商品供应者。按照定额收取是指采取统一的额度和标准收取特许权使用费，这种方式可以不考虑加盟店的实际营业额，总部对能收到多少费用非常明确，但是不利于总部和加盟店之间形成更加紧密的共同发展的协作关系。例如，麦当劳、肯德基、7-11等成功的特许经营企业，都是采取按比例收取特许权使用费的方式。

另外，还有采取商品或服务加价来收取特许权使用费的方式，例如富士、柯达的胶卷冲印店。但这种方式一般只适用于主要原材料、产品或服务全部由特许人供应的情况，否则加盟店从其他渠道进货，特许人则无法收到特许权使用费。

三、广告基金、保证金及其他费用

（一）广告基金

广告基金指特许人按加盟店营业额的一定比例或约定的定额标准向受许人收取的广告费用。在特许经营体系中，大多数加盟者只有一家或少数几家店，不可能负担大部分广告费用，而将所有特许加盟店联合起来，建立广告基金，由特许人统一进行管理，进行统一性的广告投放，则能够使每个加盟店都受益。

有的特许经营体系是按照营业收入的比例来收取广告基金的，其比率在不同的行业会有所差别，通常为营业收入的1％～5％，而有的特许经营体系是按照定额的标准来收取。另外，也并不是所有的特许经营企业都向受许人收取广告基金。

我国的《商业特许经营管理条例》第十七条规定：特许人向受许人收取的推广、宣传费用，应当按照合同约定的用途使用。推广、宣传费用的使用情况应当及时向受许人披露。因此，从严格意义上讲，特许人收取的广告费用不能算作特许人的收入，而是整个特许经营体系内部能够让所有加盟店受益的公益性基金，而且该费用的使用情况在特许经营体系中也应该是公开透明的。

（二）保证金

保证金是为保证受许人在加入特许经营体系后不违反特许经营合同，由特许人向受许人收取的担保性费用。如果受许人不及时支付应向特许人支付的应付款项或出现其他违反特许经营合同的情形时，特许人有权将保证金冲抵应付款项或罚金，情节严重的还有权没收保证金。但在特许经营合同期间,受许人没有违反特许经营合同的行为,特许人应当将保证金返还给受许人。保证金一般以现金方式交纳。

保证金收取过高或过低都是不合适的。保证金收取过高将增加受许人的负担,这有违特许经营体系互惠互利、双赢共赢的理念,可能也会造成在推广招商时处于不利的竞争地位。保证金收取过低则可能对加盟商起不到约束作用,在加盟商真的违约时保护不了特许人的合法权益。因此,保证金标准的确定,着重考虑的应是受许人如果违约可能给特许经营企业带来的损失。

(三) 其他费用

其他费用包括根据特许经营合同,特许人为受许人提供相关服务而向受许人收取的费用,如特许经营转让费,培训费,设备、原料和产品费等。

特许经营转让费是指特许经营合同未到期,受许人欲将自己的特许经营权转让出去,需要向特许人交纳的费用。

培训费是指特许人在受许人开设加盟店前,对受许人的培训通常是免费的,而在加盟店开业之后,有的特许人对受许人进行的培训可能会收取一定的培训费用。

设备、原料和产品费是指如果特许人代为受许人购买各个单店统一使用的设备、原料和产品,受许人就需要支付这笔费用。

在不同的特许经营体系中,以上所说的特许经营转让费,培训费,设备、原料和产品费等费用有些可以免收。如果要收取的话,也应该在特许经营信息披露文件和特许经营合同中对收费的项目、标准、方式加以明确。

职业技能操练

工作项目

调研一家开展特许业务的连锁企业为其设计特许费用组合。

项目背景

选择当地的一个开展特许业务的连锁企业,最好该连锁企业在当地已经有多家分店,在对该连锁企业进行调研分析的基础上,为其设计一个适合的特许费用组合。

工作目标

★ 至少走访三家连锁企业,选择其中一家调研其特许体系中的特许费用组合。

★ 根据调研情况分析该企业特许费用组合的优缺点。

★ 根据企业实际情况为其设计合适的特许费用组合。

工作计划

请将设计连锁企业特许费用组合计划填入表 4-3-1。

表 4-3-1　设计连锁企业特许费用组合计划表

工作要点	计划描述
调研其特许体系中的特许费用组合	

续表

工作要点	计划描述
分析该企业特许费用组合的优缺点	
设计合适的特许费用组合	

工作实施

步骤一：调研连锁企业特许体系中的特许费用组合。

【基础任务】至少走访三家连锁企业总部，选择其中一家收集该企业特许费用组合信息。

企业概述：

现有特许费用组合：

优缺点：

步骤二：根据调研情况分析该企业特许费用组合的优缺点。

【基础任务】对所选企业特许业务中的特许费用组合进一步信息调研，了解其特许费用组合要素。

加盟费：

特许权使用费：

广告基金：

保证金：

其他费用：

发现问题：

提出改进建议：

步骤三：根据企业实际情况为其设计合适的特许费用组合。
【基础任务】根据该企业现有特许费用组合现状，为其设计合适的特许费用组合。

加盟费：

特许权使用费：

广告基金：

保证金：

其他费用：

工作项目评价

评价方式采用多元化评价，评价主体由学生、小组、教师与企业构成，评价标准、分值及权重如表 4-3-2 所示。

（1）学生对自我在工作活动中的职业核心能力进行自评，将自评结果填入职业核心能力自测表，见表 4-3-2。

表 4-3-2　职业核心能力自测表

（在□中打√，A 通过，B 基本通过，C 未通过）

职业核心能力	评 估 标 准	自测结果
自我学习	1. 能进行时间管理 2. 能选择适合自己的学习和工作方式 3. 能随时修订计划并进行意外处理 4. 能将已经学到的东西用于新的工作任务	□A　□B　□C □A　□B　□C □A　□B　□C □A　□B　□C
信息处理	1. 能根据不同需求去搜寻、获取并选择信息 2. 能筛选信息，并进行信息分类 3. 能使用多媒体等手段来展示信息	□A　□B　□C □A　□B　□C □A　□B　□C
数字应用	1. 能从不同信息源获取相关信息 2. 能依据所给的数据信息，做简单计算 3. 能用适当方法展示数据信息和计算结果	□A　□B　□C □A　□B　□C □A　□B　□C
与人交流	1. 能把握交流的主题、时机和方式 2. 能理解对方谈话的内容，准确表达自己的观点 3. 能获取信息并反馈信息	□A　□B　□C □A　□B　□C □A　□B　□C
与人合作	1. 能挖掘合作资源，明确自己在合作中能够起到的作用 2. 能同合作者进行有效沟通，理解个性差异及文化差异	□A　□B　□C □A　□B　□C
解决问题	1. 能说明何时出现问题并指出其主要特征 2. 能做出解决问题的计划并组织实施计划 3. 能对解决问题的方法适时做出总结和修改	□A　□B　□C □A　□B　□C □A　□B　□C
革新创新	1. 能发现事物的不足并提出新的需求 2. 能创新性地提出改进事物的意见和具体方法 3. 能从多种方案中选择最佳方案，并在现有条件下实施	□A　□B　□C □A　□B　□C □A　□B　□C
学生自我打分		

（2）学生以小组为单位，对本工作项目的实施过程与结果进行自评，将自评结果填入小组自评表，见表 4-3-3。

表 4-3-3　小组自评表

评价内容	评价标准	分值	评分
团队建设	团队合作紧密、互帮互助	10	
	工作态度端正、作风严谨	15	
	遵守法律法规和工作准则	10	
工作情况	计划制订周密、组织有序	15	
	按计划、高效率完成工作	20	
	工作成果完整且质量达标	30	
合　计		100	

（3）教师就专业操作能力对小组工作过程与结果进行评价，并将评价结果填入专业能力测评表，见表 4-3-4。

表 4-3-4　专业能力测评表

（在□中打√，A 掌握，B 基本掌握，C 未掌握）

业务能力	评价指标	测评结果	备注
调研其特许体系中的特许费用组合	1. 调研信息的完整性 2. 调研信息的准确性	□A　□B　□C □A　□B　□C	
分析该企业特许费用组合的优缺点	1. 了解特许费用组合的内容 2. 准确分析特许费用组合的优缺点	□A　□B　□C □A　□B　□C	
设计合适的特许费用组合	1. 根据设计原则设计特许费用组合 2. 根据设计原则判断特许费用组合的优越性 3. 特许费用组合设计的合理性	□A　□B　□C □A　□B　□C □A　□B　□C	
其他			

教师评语：

教师打分		教师签字	

（4）企业对小组工作过程与结果进行评价，并将结果填入企业评价表，见表 4-3-5。

表 4-3-5　企业评价表

关键考核指标	分值	得分
调研其特许体系中的特许费用组合	30	
分析该企业特许费用组合的优缺点	30	
设计合适的特许费用组合	40	
合　计	100	

特许经营应用

（5）根据上述结果填写综合评价表，见表4-3-6。

表4-3-6 综合评价表

自我评价(10%)	小组自评(10%)	教师评价(50%)	企业评价(30%)	综合评价

 职业素养指南

创业也是一种好的选择

创业也是大学生毕业后个人发展的一个很好的选择。当然，对大多数刚刚走出校门的大学生来说，创业需要面临巨大的挑战和压力。相比在其他企业就职，创业需要具备一定的创业资金、经营管理能力，更重要的是需要承受较大的心理压力。

加盟某一个特许经营体系，开办一个特许加盟店，也是一种创业的方式。比起独立创业，加盟创业能够获得总部各个方面的支持，因此可以大大提高创业的成功率。

加盟创业除了资金、能力、心理准备之外，选择好一个特许经营总部至关重要。特别是特许经营进入中国的时间比较短，很多特许经营企业还不够规范，甚至有的不法分子打着特许经营的旗号进行欺诈。因此，加盟前，一定要进行审慎的考察，考察的关键事项包括：

- 开展特许经营的业务（商品和服务）有市场吗？
- 总部是否具备开展特许经营的合法资格？
- 总部是否具有成熟的单店盈利模式和运营管理模式？
- 这个特许经营体系有多少直营店和加盟店？这些店的经营状况怎么样？
- 这个特许经营项目适合我来做吗？如果适合，适合我在什么市场区域做？
- 我具备相应的投资实力吗？
- 总部是否具备强大的支持能力，在加盟店遇到经营困境的时候能够予以支持和帮助？

按照《我国商业特许经营管理条例》的相关法律法规的要求，在加盟前，特许经营企业（总部）应该提前向加盟者进行信息披露，这是全面考察特许经营企业的一个很好的环节。有的加盟者会自己找到特许经营体系已有的加盟店进行沟通，了解加盟店和总部的各种情况。还有的加盟者在加盟前，先到该特许经营企业工作一段时间，这样对特许经营项目有更直观的认识和了解，而且可以获得很多信息披露上无法获得的信息，比如企业文化、经营理念等。毕竟加盟某一个特许经营体系不仅仅意味着一个重大的投资决策，同时也是选择一个长期的合作伙伴，因此这种审慎的考察不失为一种好方法。

素养讨论：作为加盟商，要加盟一个特许体系要需考虑哪些因素？考察哪些事项？

 思政教育园地

经营原则千万条，诚信永远第一条

一位"90后"小李，一直梦想开奶茶店创业，就直接加盟了某网红奶茶店，觉得现在奶茶卖得那么火，加盟后自己肯定可以赚到不少钱。只不过加盟后生意并没有小李想象中

工作情境4　特许经营加盟模式设计

的好,每天房租水电都需要不少,加上前期巨额的加盟费,高昂的成本投入压得小李有点喘不过气。

有一天小李的朋友给他想了一个歪主意,反正大家来喝奶茶都是冲着品牌,要不你把奶茶里的用料少加一点,成本不就降了吗?起初小李是拒绝的,但眼看着一直赚不到大钱,小李就接受了这个歪主意。

刚开始小李只是把几款饮品做了偷工减料,发现生意好像没受什么影响,后来胆子越来越大,把大部分饮品都进行了减料操作。逐渐地,店里的老顾客开始发现口味不如从前,一传十,十传百,店里的顾客也逐渐都转去了别的店购买奶茶。小李的店从开始的经营紧张,到中间昙花一现的盈利假象,到最后落得口碑大跌、没有买卖可以做。

思政评析:不管是经营门店还是做人,万千原则中,诚信永远要放在第一条,如果突破了诚信的底线,短期可能略有收益,但长期一定会使品牌或个人信誉大损,当失去了别人的信任,后期再多的弥补也难以挽回信任。

工作情境5

特许经营总部管理系统建设

➡ 情境目标

【知识目标】

(1) 了解特许经营体系的基本结构,熟悉和理解特许经营总部的定位和职能;
(2) 了解和熟悉特许经营运营支持系统的主要内容;
(3) 了解和熟悉特许经营总部的流程和制度建设的思路和方法;
(4) 了解和熟悉特许经营体系管理信息化建设的意义和基本结构。

【技能目标】

(1) 能够根据企业实际优化组织架构;
(2) 能够设计总部运营管理模式;
(3) 能够设计总部信息管理模式。

【思政目标】

以爱岗敬业、精益求精的大国工匠精神为契合点,以诚信经营、习近平对"正确义利观"的精辟论述为职业素养引导,通过连锁企业总部管理系统建设系列实践模拟工作流程,引导学生遵循职业素养规范,具有正确的职业理想、较高的职业品质和崇高的职业奉献精神;引导学生透过调研信息表象看特许企业总部管理运营本质,培养实践精神和创新精神;引导学生实事求是、严谨求真的工作作风,培养学生职业素养。

➡ 情境导入

小张的甜茶店特许经营运营管理,包括总部的组织架构设计、总部的 SIPOC 运营管理和信息管理系统的建设,其能否可行、经济和先进地按照生产、建设、服务和管理所提供的商品/服务有效运营,关系到甜茶店的总部经营管理目标的实现。

同时,其管理信息系统处理着经营管理活动中的大量信息,它和商流、物流、资金流等密切相关,影响着甜茶店各方面的管理和业务活动的效率和效果。

➡ 工作活动

工作活动1　架构特许经营总部的组织
工作活动2　特许经营总部的运营管理

工作活动 3　特许经营总部的信息管理

工作活动 1　架构特许经营总部的组织

📖 工作活动目标

（1）掌握特许经营总部建设知识；
（2）了解特许经营标准体系建设知识。

📝 职业工作情境

小张的甜茶店要实现卓越运营和可持续发展，特许经营是必由之路。运用特许经营利器，要做好特许经营总部组织架构建设工作。

📚 职业知识储备

知识点 1　特许经营总部的建设

特许经营总部（Headquarter，简称总部），是受特许人委托，代表特许人建立、发展、营运和管理特许经营体系的机构。一般情况，特许总部是特许人组织中的一个最主要部门，是特许人直接投资或控股的法人机构，这时特许总部就是指特许人。

微课 5-1：践行应变图存的职业素养，进行特许经营总部的组织建设

一、明确特许经营总部扮演的角色

总部和单店都是特许经营体系中的基本组织形态，但总部在特许经营体系中与单店扮演着完全不同的重要角色，归纳起来有以下七点。

（一）领导者的角色

特许经营体系作为一个新型的社会经济组织具有高度群体一致性的特点，这种一致性为特许人和受许人带来巨大的利益，但对特许人来说也存在着较大的决策风险，因为一旦决策失误，将给整个体系带来灾难。因此在激烈的市场竞争当中，特许经营总部必须担当起领导的责任，时刻关注市场竞争态势，看准前进方向，及时调整竞争策略，制定行动方针和政策，从而保持和发展体系的核心竞争力。如果把激烈竞争的市场比作大海，那么特许经营体系犹如一只在惊涛骇浪中航行的庞大舰队，特许经营总部就是其中的旗舰，负责领航。

微课 5-2：践行严谨细致的工作作风，进行特许经营总部的制度建设

（二）授权者的角色

特许经营总部受特许人的委托，代表特许人发布特许经营招商信息，制订并实施加盟商招募计划，对加盟申请者进行遴选、签约授权及开店前的指导和培训，因此完全扮演特许经营授权者的角色。

（三）经营者的角色

特许人在委托特许经营总部建立、发展、运营和管理整个特许经营体系的同时，也授予特许经营总部很大的行政管理权利，同时要求总部对特许经营体系的运营结果负责。因此总部必须承担特许经营体系年度经营计划的制订和组织实施的责任，也就是扮演特许经营体系经营者的角色。

（四）管理者的角色

特许经营体系是一个新型的社会经济组织，与在同一资本控制下的传统经济组织相比，具有高度分散化经营的同时又具有高度统一化管理的显著特征。这样一个新型的社会经济组织给特许人提出了新的管理学课题，即协调体系内不同投资主体——加盟商的行动，实现整体系统的高效率运转和快速发展。解决这个课题就成为特许经营总部不可推卸的责任。

（五）培训者的角色

特许人通过与受许人签订特许经营合同的方式将特许权授予受许人使用。特许权的核心是特许人的知识产权，而知识只能通过一个完整的培训和教育的过程，才能真正实现从所有者向使用者的转移。标准的特许合同中要规定培训是特许人必须履行的基本义务之一。因此，总部扮演着培训者的角色。

（六）后台支持者的角色

单店负责直接服务于客户，向客户提供价值，并获取价值回报。特许经营总部在单店的系统中扮演的是供应者的角色，负责源源不断地向单店提供各种有形和无形的资源。如果把特许经营体系整体放到市场中来观察，单店就相当于前台的明星，以他们优秀的经营业绩，放射出特许人品牌的光芒，总部则是强大的后台，以默默无闻的踏实工作，支持着处于不同地区的单店，使单店在激烈的市场竞争中永远立于不败之地。

（七）信息中心的角色

单店处于市场的前沿，除了直接服务于客户之外，同时负责收集并向总部反馈单店的运营管理信息和局部市场的信息，特许经营总部则担负着汇总和处理这些信息的重要责任，并将这些信息作为运营管理决策的重要依据；另外，特许经营运营管理体系的网络化结构中，总部要承担协调单店之间业务的责任，甚至要作为单店之间业务往来的结算中心。因此，从信息系统的角度观察总部，总部在特许经营体系中就相当于一个服务器，支持着一个个终端（单店）。

二、明确特许经营总部的任务和类型

企业为了实现组织目标，首先必须健全组织机构，形成具有密切协调关系，有区分责任和权限的职能部门，担负组织各项工作任务，发挥组织职能作用。特许经营体系是将许多具有独立法人的加盟商组织起来的知识产权关系组织体系，因此，特许总部的组织机构格外重要，其组织机构健全、充实与否，决定着特许经营事业的成败。

特许经营总部承担着三项基本任务。

第一,追求卓越运营和企业的不断发展。为了完成这一任务,各部门既要发挥各自的专业知识与技能的职能作用,又要把握各部门的独立性与协调性,使特许体系运营顺利。

第二,做好营销与管理工作,满足消费者的需求。

第三,对加盟商予以指导和支援,使各加盟商实现经营效益。

特许经营总部组织机构一般有初创模式、标准模式、大型模式三种类型。

(一)初创模式

特许经营企业在很大程度上适合采用职能式组织机构,尤其是在企业发展的初创时期。公司的规模较小,特许体系也仅限于小范围内推广,管理难度小,组织层次少,各部门均在总经理的领导下,直接向各加盟商履行部门的职能,有时甚至总经理还会直接插手具体事务的管理模式。处于这一时期的特许经营企业一般会采用组织架构的初创模式,如图 5-1-1 所示。

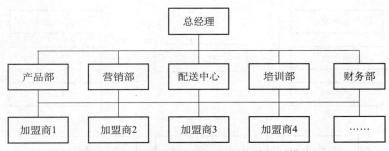

图 5-1-1 特许经营企业组织架构的初创模式

(二)标准模式

随着特许经营事业的进一步发展,企业规模的扩大,加盟商数量增多,特许总部的工作量和工作难度相应加大,对管理效率和效益的要求越来越高,对各职能部门间的沟通、协调与配合的要求也越来越高。这种情况下,必须对一般的职能式机构予以适当的改造和嫁接,从而形成了特许经营企业组织架构的标准模式。

这种组织架构模式之所以被称为标准模式,是因为它既保留了职能式结构的优点,又吸收了事业部结构、动态网络结构及项目管理组织的精华,是一种具有推广价值的组织结构模式。这种结构的特点是将"特许经营中心"置于企业"管理场"的中心,由该中心直接接受总裁的指令,整合各职能部门的资源,高效运作于特许经营事业。它横向沟通各职能部门,避免了职能结构不同部门之间的协调困难以及由于命令传递所造成的大量等待时间的浪费与衔接的误差;纵向沟通各加盟商与总部,避免了传统职能式结构下的加盟商管理中某一环节出现问题而在总部各部门之间推诿扯皮的现象,如图 5-1-2 所示。

(三)大型模式

特许经营企业总部组织架构标准模式又是一种灵活机动的组织架构,当特许企业的加盟商发展到一定数量,已经不适应由特许总部"一统天下",或者因为不同地区的消费者有不同的偏好和需求时,特许人可在该模式中接入区域式结构的区域管理中心,从而形成特许经营企业组织架构的大型模式,如图 5-1-3 所示。

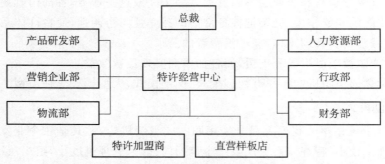

图 5-1-2 特许经营企业总部组织架构标准模式

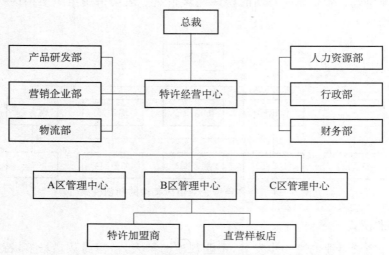

图 5-1-3 特许经营企业总部组织架构大型模式

当然,企业所处的发展时期不同,业态和商圈的差异,特许人的经营理念和管理风格的不同所采取的组织结构架构也会有一定的改变,但总体组织结构架构不会有大的变化。

三、明确特许经营总部的建设阶段和任务

特许经营总部的建设,应先确认其任务功能,而后再考虑组织架构,因此总部组织机构也将随着不同时期的任务有所调整。随着加盟商单店和直营单店数量的增加,总部所肩负的阶段性任务也有所不同,必须确切地掌握阶段性任务的重点,才不会错用战略战术。特许经营总部的组织机构扩张可以分为几个阶段进行。

(一)特许经营总部建设的第一阶段

此阶段也许尚不需要分工较细的职能部门,其最重要的任务在于能直接掌握且解决单店正常运营所产生的问题。例如,采购与运营问题等,如在此阶段的任务由各职能部门按清晰的层级分权职责处理,恐怕会影响指导与支援单店采购、运营等迫切要解决问题的工作效率,同时,单店数量相对较少也没有必要设置分工较细的职能部门,造成管理资源浪费及出现"上面多条线,下面一根针"的管理混乱现象。

所以,第一阶段属于特许经营体系的初创时期,特许总部最迫切的工作在于编制出适合各项营销策略和运营管理制度,以便能快速地使特许经营体系步入发展的正轨。此时特许人可能本身就集运营管理、采购管理、培训、开店等工作于一身,再下设几名职能管理人员,直接管理各单店。

(二) 特许经营总部建设的第二阶段

当单店数量逐渐增加,特许人将无法独立包揽所有大小事务,势必开始增设人员,以强化特许总部不足的各项职能,这时即开始步入了机能组织,专业职能陆续清楚,所谓的组织机构于此阶段才正式开始形成。

(三) 特许经营总部建设的第三阶段

当单店数量达到某一程度后,除了加强单店管理之外,更需将特许经营引向简单化、标准化和专业化。这时,企业规划机能也将随之凸显,同时各项机能也逐渐由组织职能部门来运作。

企业经营到某一阶段后,不能只停滞于经营管理层面,对于企业未来经营发展概念的导入,才是带动企业向前推进的动力,特许经营尤其是如此。单店不断扩张之后,下一步往何处? 未来可同时向何处发展? 有没有更好、更新、更适合的新概念与新技术,这些都是企业规划机能必须完成的工作,编制出切实可行的企业未来的发展规划。这一阶段的组织形态必须赋予企业规划职能部门更多的责任,总经理或总裁要亲自领导和规划。

对于既有的企业运营管理,也需要逐渐导入机制管理。原来单店数量较少时,一个人可能同时负有数种机能,但企业规模扩大到一定程度后,将由组织的机能取代个人的机能,落实以机制管理众多单店的管理真谛。此阶段可以说是机能组织加上管理企业规划的组织。

(四) 特许经营总部建设的第四阶段

当单店数量持续扩增相当的数量(以便利店为例,大约1 000家单店),许多的运营管理已经很难完全由总部独立操控,至此则可发展成事业部制,即每一事业部皆拥有完整的运营管理组织机能。一方面可避免因组织过于庞大而产生僵化弊病,使各事业部都能灵活自主的运营管理所属的事业,另一方面总部仍能掌握各事业部的效益,以此持续发展更庞大的企业王国。

知识点 2　特许经营标准体系的建设

一、特许经营标准的建设步骤

规划建设特许经营标准基本上可以概括为五个步骤。个别企业在前期规划时主要依据行业经验和规划者的专业知识,建设步骤基本一样。

(一) 标准库构架建设

特许经营标准体系是由品牌延伸而来的,分为品牌保护和品牌发展两大类,两大类又各自细分,如表5-1-1所示。

表 5-1-1　企业标准体系建设举例

类　别	板　块	可能涉及内容
品牌商誉	待客原则	服务原则、质量方针、质量目标等
	公关原则	对处理公共事务的价值取向，公共事务的处理原则等
品牌商业个性	产品	产品线组合、产品品种组合、产品价格、产品质量、产品包装等
	服务	服务流程、服务标准、服务语言等
	营运	营运流程、作业标准、作业工具等
	采购	设备、器具、原材料等
	商圈选址	商圈类型、商圈甄选标准、店址标准等
	店内布局	店内功能、柜台要求、服务区要求、后勤区要求等
	客户群体	客户群体的定位、沟通原则、客户关系管理
	促销原则	促销中对品牌形象和利益的保护等
品牌文化个性	VI/SI 使用	VI/SI 的完整使用
	宣传性用语	企业口号、标准广告语等
	员工行为	员工行为规范等
知识产权保护	产权保护	保密措施、限制超范围使用等
管理提升	管理方法	管理方法的运用
	管理工具	流程、软件、表格等工具
	绩效提升	目标管理、绩效考核等
	员工关系	劳动关系、薪酬原则、员工沟通、员工参与管理等
宣传促销	宣传原则	品牌保护、杜绝夸大其词、防止误解等
	促销原则	价格约束、产品约束等

当然，表 5-1-1 仅仅是列举，管理实践中涉及管理内容的各方面都可能需要建立标准，企业可以组织几次头脑风暴，将要管理的内容罗列出来。

（二）标准分级

连锁总部不可能完全规范、掌握连锁店所有的管理要素，也不可能对所有的管理要素同等对待，这就需要将全部的管理要素区别对待，将以上架构中的所有标准项统一分为 2～3 级，最好是分为 3 级。

第 1 级，控制性标准，是加盟商必须遵守的。

第 2 级，推荐性标准，是提供给加盟商参考的。

第 3 级，授权性标准，由加盟商自行掌握。日常说的标准，应该指的是第 1 级、第 2 级标准，第 3 级标准其实是下文说的"授权"的内容，严格说来，它不算标准。此外，连锁公司应为各级标准制定标准责任人，以监督各级标准的执行。

（1）第 1 级标准的责任人可以是营运总监，通过 ISO 90001 的企业也可指定为管理者代表。

（2）第 2 级标准比较复杂一些，编制责任在总部相关部门、执行责任在连锁店。

(3) 第 3 级标准的责任人可以是连锁店经理。

（三）标准媒介化

"标准"必须用各种媒介表达出来，才能被各相关人员理解、接受。目前来说，标准的主要记载媒体很多，主要包括：语言、文字、动作、声音、颜色、图像、空间标志、表格、设备与用具、管理软件等。其中，设备与用具、管理软件是最高形式的标准。

（四）组织实施并监督

标准的实施，有两件事须作为要务，一是前期的宣传和引导，二是后期的考核与监督。

对于一个即将要导入系列标准的连锁体系来说，各连锁店经理和员工可能会不习惯，或者可能不情愿，尤其是连锁店经理，因为导入标准就意味着难免地、或多或少地在他们的行为上加上了一套约束，而且他的思想和行为也必须为此发生改变。所以，不遗余力地宣传是必要的，可以帮助各级员工建立准确的认识，树立标准化、规范化管理的意识，为以后导入标准体系搭好桥梁工作。标准实施过程中，自然免不了要学习、培训、试行、实施，但考核与监督也是关键环节。

（五）营运过程中的动态管理

动态管理是针对第 2 级标准的，其实质是过程标准化管理。上述第 2 级标准是推荐性标准，连锁总部一般不硬性规定，但也不是撒手不管。连锁店对第 2 级标准的采用情况，连锁总部还是需要掌握的，这就是标准的动态管理。动态管理活动分为周期性活动和临时性活动。

周期性活动一般可以以年为周期（开业之初必须梳理一次），按照标准的项目，逐一陈列，经连锁总部营运部门或相关部门审批，例如，产品清单、采购清单、职级薪酬标准等。

临时性活动包括所有第 2 级标准的临时调整，如前所述，第 2 级标准是推荐性标准，连锁总部可能有两套以上方案供连锁店选择，连锁店也可在连锁总部授权的基础上自行开发，例如开发新的产品、开发新的供应商等。这样，连锁店在营运过程中难免有标准上的调整，这种调整是允许的，但应该经过连锁总部审批。

二、标准体系的完善

连锁企业的管理是需要逐步完善的，标准体系也是需要不断完善的。一方面，标准的范围要不断扩大；另一方面，标准本身的精确度需要提高。

连锁管理体系越成熟，其标准的内容就越多，只有这样，才能形成合力和规模效应，并形成品牌的内涵。标准范围的扩大，一方面表现为标准细分，如卫生检查标准，原来要求"洗手间清洁卫生"，细分后则成了对洗手间的墙面、镜面、镜灯、马桶、地面、气味等的要求。另一方面表现为标准升级，这是最重要的，经过实践检验的标准，如果已经成熟，那就应该成为更高一级的标准，最终成为第 1 级标准，第 1 级标准的范围越宽，说明连锁企业的管理越成熟。例如，在美容连锁企业在营运初期，因公司开发能力不够，允许加盟商自行采购一些非核心的原料，随着连锁管理体系的成熟，连锁总部开发的产品线越来越完善，100%的统一采购就提上了日程。

在标准范围不断扩大的同时，标准的精确度也同时需要提高，企业对标准的描述越来越精确。ISO 9000 质量管理系统的内容可以并入特许经营标准体系，作为其一个组成部分。

特许总部对特许品牌的标准化管理并不意味着特许总部可以对加盟商实施全面规范和控制,特许经营是一种能够充分发挥经营者积极性的经营模式,需要充分授权,尤其是加盟店员工的营运过程中那些隐性的技能,更是无法标准化。特许体系需要规范,但是特许体系更需要活力,没有活力的特许企业联合体,是一潭死水,终究会腐败的。

当然,"标准体系"不是特许经营管理的全部,各项"标准"都应该有落实、支持、检查的内容,这就是常说的"特许经营连锁管理体系",标准体系是特许企业全面管理体系的一部分,处于核心地位和主导地位,"标准体系"的建设与特许经营管理体系的建设最好同步进行。

职业技能操练

工作项目

学生分组选择一家本地连锁水果品牌进行总部组织结构相关调研与分析。

项目背景

各类水果连锁销售品牌的总部都有相对不同的管理方式,但其组织结构搭建原理与岗位设置类型有较大程度的相似性,通过对其中一家连锁品牌组织架构进行调研,能够学习到一些通用性的实操方法。

工作目标

★ 至少走访三家连锁企业总部,选择其中一家调研其总部设立的部门及岗位情况。

★ 根据调研情况绘制相关组织结构图。

★ 对相关组织结构设置进行分析评价。

工作计划

请将所选企业的组织结构调研分析计划填入表 5-1-2。

表 5-1-2　组织结构调研分析计划表

工作要点	计划描述
收集调研信息	
绘制组织结构	
分析结构设置	

工作实施

步骤一:调研总部设置的岗位名称。

【基础任务】至少走访三家连锁企业总部,选择其中一家企业,通过与人事员工沟通,收集总部目前设置的所有岗位名称。

组织架构特点:

....

....

现有部门及岗位:

....

....

步骤二:了解各岗位的汇报、协同关系。

【基础任务】对所选企业总部现有岗位进行进一步信息调研,了解各个岗位的上下级关系以及不同岗位之间的协作关系,填入表 5-1-3。

表 5-1-3　组织结构内岗位关系及分工调研表

岗位名称	上级岗位	下级管理岗位

步骤三:绘制门店组织结构图。

【基础任务】根据各岗位之间的关系,绘制所选企业总部的组织结构图。

步骤四：对总部组织结构进行分析评价。

【进阶任务】对标本节所学的组织结构搭建原则及类型，分析评价所调研企业总部的组织结构是否满足各项基础要求，判断其属于何种类型以及其有何优缺点。

组织结构是否满足明确性：□是　□否

分析原因：_____
_____
_____

组织结构是否满足稳定性：□是　□否

分析原因：_____
_____
_____

组织结构是否满足激励性：□是　□否

分析原因：_____
_____
_____

所调研组织结构所属类型：_____
_____

分析原因：_____
_____
_____

该类结构的优缺点：_____
_____
_____

工作项目评价

评价方式采用多元化评价，评价主体由学生、小组、教师与企业构成，评价标准、分值及权重如下表所示。

（1）学生对自我在工作活动中的职业核心能力进行自评，将自评结果填入职业核心能力自测表，见表 5-1-4。

表 5-1-4 职业核心能力自测表

(在□中打√,A 通过,B 基本通过,C 未通过)

职业核心能力	评 估 标 准	自测结果
自我学习	1. 能进行时间管理 2. 能选择适合自己的学习和工作方式 3. 能随时修订计划并进行意外处理 4. 能将已经学到的东西用于新的工作任务	□A　□B　□C □A　□B　□C □A　□B　□C □A　□B　□C
信息处理	1. 能根据不同需求去搜寻、获取并选择信息 2. 能筛选信息,并进行信息分类 3. 能使用多媒体等手段来展示信息	□A　□B　□C □A　□B　□C □A　□B　□C
数字应用	1. 能从不同信息源获取相关信息 2. 能依据所给的数据信息,做简单计算 3. 能用适当方法展示数据信息和计算结果	□A　□B　□C □A　□B　□C □A　□B　□C
与人交流	1. 能把握交流的主题、时机和方式 2. 能理解对方谈话的内容,准确表达自己的观点 3. 能获取信息并反馈信息	□A　□B　□C □A　□B　□C □A　□B　□C
与人合作	1. 能挖掘合作资源,明确自己在合作中能够起到的作用 2. 能同合作者进行有效沟通,理解个性差异及文化差异	□A　□B　□C □A　□B　□C
解决问题	1. 能说明何时出现问题并指出其主要特征 2. 能做出解决问题的计划并组织实施计划 3. 能对解决问题的方法适时做出总结和修改	□A　□B　□C □A　□B　□C □A　□B　□C
革新创新	1. 能发现事物的不足并提出新的需求 2. 能创新性地提出改进事物的意见和具体方法 3. 能从多种方案中选择最佳方案,并在现有条件下实施	□A　□B　□C □A　□B　□C □A　□B　□C
学生自我打分		

(2) 学生以小组为单位,对本工作项目的实施过程与结果进行自评,将自评结果填入小组自评表,见表 5-1-5。

表 5-1-5 小组自评表

评价内容	评价标准	分值	评分
团队建设	团队合作紧密、互帮互助	10	
	工作态度端正、作风严谨	15	
	遵守法律法规和工作准则	10	
工作情况	计划制订周密、组织有序	15	
	按计划、高效率完成工作	20	
	工作成果完整且质量达标	30	
	合　　计	100	

(3) 教师就专业操作能力对小组工作过程与结果进行评价,并将评价结果填入专业能力测评表,见表 5-1-6。

表 5-1-6　专业能力测评表

（在□中打√，A 掌握，B 基本掌握，C 未掌握）

业务能力	评 价 指 标	测评结果	备注
收集调研信息	1. 调研信息的完整性 2. 调研信息的准确性	□A　□B　□C □A　□B　□C	
绘制组织结构	1. 组织结构图绘制的准确性 2. 组织结构图绘制的美观度	□A　□B　□C □A　□B　□C	
分析结构设置	1. 根据搭建原则评价的完整性 2. 根据搭建原则评价的合理性 3. 组织结构类型判断的准确性 4. 组织结构优缺点分析的合理性	□A　□B　□C □A　□B　□C □A　□B　□C □A　□B　□C	
其他			

教师评语：

教师打分		教师签字	

（4）企业对小组工作过程与结果进行评价，并将结果填入企业评价表，见表 5-1-7。

表 5-1-7　企业评价表

关键考核指标	分值	得分
能完整调研组织结构信息	30	
能准确绘制组织结构图	30	
能合理分析组织结构优缺点	40	
合　　计	100	

（5）根据上述结果填写综合评价表，见表 5-1-8。

表 5-1-8　综合评价表

自我评价(10%)	小组自评(10%)	教师评价(50%)	企业评价(30%)	综合评价

工作活动 2　特许经营总部的运营管理

工作活动目标

（1）掌握总部运营模式设计的内容；
（2）掌握总部运营模式设计的步骤。

职业工作情境

小张的甜茶店单店和总部运营管理分别由客户、输出、流程、输入、供应商五个部分相互关联、互动任务共同完成,以实现单店和总部的经营目标。

微课 5-3:践行团队合作的职业精神,进行特许经营的培训系统建设

职业知识储备

知识点 1 戴明的系统理论和 SIPOC 系统模型

按照戴明的 SIPOC 组织系统模型,可以将单店看作一个由供应者(总部+受许人+其他供应商)、输入、流程(单店运营管理流程)、输出、客户这样相互关联、互动的五个部分组成的 SIPOC 组织系统。因为单店作为一种组织形态也存在一个组织的目标,具体到每个单店来讲就是单店的经营目标,如图 5-2-1 所示。

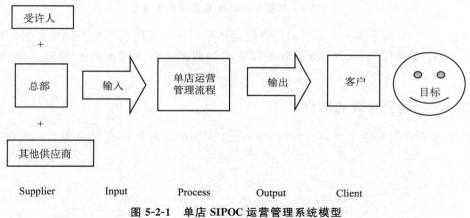

图 5-2-1 单店 SIPOC 运营管理系统模型

知识点 2 特许经营总部的运营管理

特许经营总部运营管理系统作为一种组织形态也存在一个组织的目标,具体来讲就是总部的经营目标。另外,总部的运营管理系统并不是孤立存在的,它是在一个更大的系统内即行业市场内运作的。因此,总部运营管理系统还受到行业内各种竞争力量的影响。

根据管理学家戴明的系统理论,我们可以将总部运营管理系统看作一个由供应者(特许人+其他供应商)、系统输入、流程(总部运营管理流程)、系统输出、客户(受许人+单店)这样相互关联、互动的五个部分组成的 SIPOC 系统,如图 5-2-2 所示。

一、总部运营管理的客户

总部运营管理的客户就是指受许人+单店。总部根据单店经营模式的特点对受许人

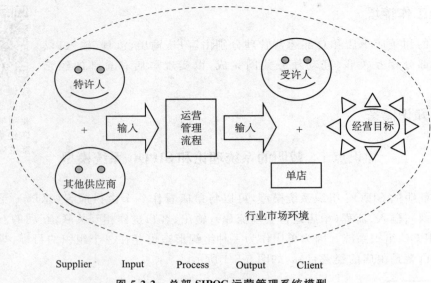

图 5-2-2　总部 SIPOC 运营管理系统模型

进行定位,并选择的受许人。不同的特许经营体系对受许人的选择有不同的要求,并非千篇一律的"有钱就行"。例如,麦当劳总部要求加盟的受许人要有在麦当劳工作几年的经历。

二、总部运营管理的输出

总部运营管理的输出就是总部提供给受许人和单店的全部有形的和无形的资产,如图 5-2-3 所示。

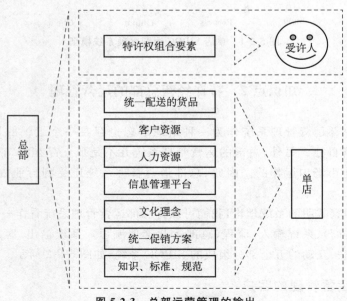

图 5-2-3　总部运营管理的输出

三、总部运营管理的流程

(一) 总部运营管理的流程

总部运营管理的流程就是总部为获得预定的总部运营管理输出而必须进行的一系列逻辑上相关的工作任务。

那些直接为总部的客户即受许人＋单店提供资源的流程称为总部运营管理主流程。相对于总部主流程，存在若干辅助流程，支持主流程。

(二) 总部运营管理流程的构成、任务

总部运营管理流程是由七大主流程＋若干辅助流程构成，如图5-2-4所示。该图说明总部运营管理流程包含的主流程、辅流程，以及这些流程与总部系统输出的对应关系。

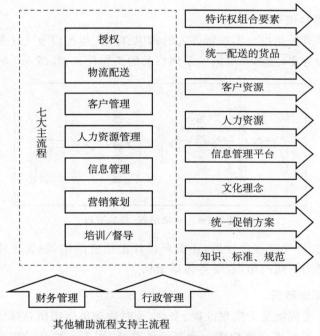

图 5-2-4　总部运营管理流程与总部输出

总部运营管理流程要完成两项任务：其一是完成各主流程和辅助流程中包含的一系列逻辑上相关的工作任务；其二是保障流程中各项任务得以高效率完成的系统架构和总部组织架构，并据此计算出总部的全部人力资源成本。

在总部运营管理中，仅对存在于几乎所有类型的特许经营体系中的授权、物流配送及培训督导三大主流程进行简要介绍。关于客户管理、人力资源管理、信息管理、营销策划、财务管理、行政管理等流程可通过相关的专业课程学习。

1. 总部授权流程

总部授权流程就是为实现受许人招募计划（加盟店开店计划），总部进行的一系列逻辑上相关的工作任务，如图5-2-5所示。

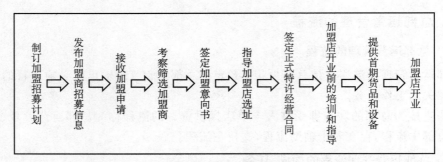

图 5-2-5　总部授权流程

完成总部授权流程设计后,还需要设计出相应的授权体系架构,不同的特许经营体系会采用不同的授权体系架构。

2. 总部培训督导流程

总部培训督导流程是指为实现特许人的知识、标准、规范以及文化理念在特许经营体系内的快速传播和落实,总部开展的一系列相关的工作任务,如图 5-2-6 所示。

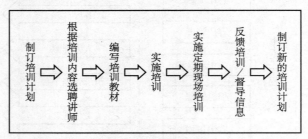

图 5-2-6　总部培养/督导流程

完成总部培训/督导流程设计后,还需要设计出相应的培训/督导体系架构。不同的特许经营体系会采用不同的培训/督导体系架构。

3. 总部物流配送流程

总部物流配送流程就是为实现准确、安全、及时地向单店提供总部统一配送的货品。

总部物流配送流程本身就构成一个复杂的系统,因为与物品的流动并行存在着信息的流动。由于不同的特许经营体系总部物流配送流程千差万别,图 5-2-7 只描述了总部物流配送流程的一般逻辑模型。

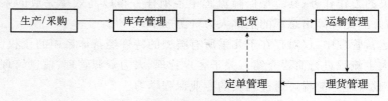

图 5-2-7　总部物流配送流程

不同的特许经营体系会采用不同的物流配送系统架构。有些是由总部直接投资建设,有些则采用第三方物流。

4. 总部组织架构

总部组织架构是总部运营管理流程设置相应的工作岗位、责任部门及指挥/协调链。比如,对应物流配送流程,总部通常会设置配送中心(贮运部);对应授权流程,总部通常会设置授权中心(授权部或发展部);对应培训/督导流程,总部通常会设置培训中心(培训督导部)。不同的特许经营体系,因其运营管理流程不同,总部组织架构也是千差万别。

四、总部运营管理的输入和供应者

(一)总部运营管理的输入

总部运营管理的输入,就是特许人与其他供应商提供给总部的全部有形和无形的资源,涉及特许人＋其他供应商提供的各种资源要素、提供方式以及总部为获得这些资源必须支付的价格。特许人与其他供应商提供给总部的资源有五大要素,如图5-2-8所示。

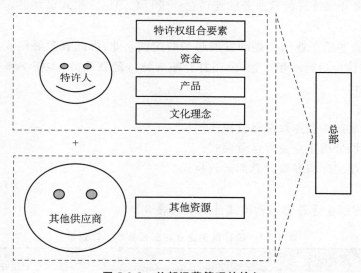

图 5-2-8　总部运营管理的输入

确定了这些资源要素之后,就要确定各种资源的提供方式和总部为获得这些资源必须支付的价格。例如,特许人提供给总部产品的价格以及提交和结算的方式,在特许人与总部是两个法人机构情况下,特许人提供给总部的商标、专利等必须有一个特许人签发的授权书;特许人提供给总部的文化理念通常是以企业VIS手册的方式提供的,而且多数是免费的。再如,其他供应商提供给总部的产品、材料、设备的价格以及提交和结算的方式等。

总之,通过这个部分可以确定总部大部分的运营管理成本。

(二)总部运营管理的供应者

总部运营管理的供应者由特许人和其他供应商两部分组成。这部分是确定总部、特许人以及其他供应商的三者之间的关系,并提出其他供应商的选择标准。不同的特许经营体系中,上述三者间的关系有很大的不同。

一种是特许经营总部是特许人组织中的一个部门,除特许人之外,总部运营管理系统中不存在其他供应商。另一种是特许经营总部是特许人直接投资控股的企业组织之一。除特许人之外,总部运营管理系统中存在许多其他供应商。

需要强调的是,目前,随着全球经济一体化和全社会专业化分工的发展,其他供应商的作用越来越受到组织的重视。典型的做法就是大量采用OEM的生产方式以及第三方物流,从而将组织有限的资源集中在产品开发和市场及品牌的拓展方面。

最后,总部运营管理系统的目标要结合特许经营总体发展规划来编制总部的年度经营目标,包括总部年度营业收入指标、总部年度的运营管理成本、总部年度的利润指标等。这项设计工作从财务角度讲就是总部年度运营管理损益分析。

职业技能操练

工作项目

为一家即将开展特许经营业务的连锁企业进行总部运营模式设计。

项目背景

小张所在的连锁企业因为是刚发展起来的连锁企业,因此其发展模式主要选择直营连锁,为了能够快速进行市场扩张,公司打算拓展特许经营业务,委任小张进行企业总部的运营模式设计。

工作目标

★ 调研本地连锁企业总部运营模式。
★ 根据知识分析企业总部运营模式。
★ 根据企业实际情况设计总部运营模式。

工作计划

请将设计连锁企业总部运营模式计划填入表5-2-1。

表 5-2-1 设计连锁企业总部运营模式计划表

工作要点	计划描述
调研本地连锁企业总部运营模式	
根据知识分析企业总部运营模式	
根据企业实际情况设计总部运营模式	

工作实施

步骤一:进行企业调研。

【基础任务】选择本地一家开展特许业务连锁企业进行调研,收集各种信息。

企业基本情况：_____

_____

企业总部运营模式现状分析：_____

_____

步骤二：根据知识分析企业总部运营模式。

【基础任务】按照戴明的 SIPOC 组织系统模型对该企业总部运营模式进行分析，发现存在问题并提出合理建议。

S：_____

_____

I：_____

_____

P：_____

_____

O：_____

_____

C：_____

_____

存在问题：_____

_____

改进建议：

步骤三：根据企业实际情况设计总部运营模式。

【基础任务】按照戴明的 SIPOC 组织系统模型基于企业真实情况和市场发展动态，设计企业总部运营模式。

C：

O：

P：

I：

S：

工作项目评价

评价方式采用多元化评价，评价主体由学生、小组、教师与企业构成，评价标准、分值及权重如下表所示。

（1）学生对自我在工作活动中的职业核心能力进行自评，将自评结果填入职业核心能力自测表，见表 5-2-2。

表 5-2-2 职业核心能力自测表

（在□中打√，A 通过，B 基本通过，C 未通过）

职业核心能力	评 估 标 准	自测结果
自我学习	1. 能进行时间管理 2. 能选择适合自己的学习和工作方式 3. 能随时修订计划并进行意外处理 4. 能将已经学到的东西用于新的工作任务	□A □B □C □A □B □C □A □B □C □A □B □C
信息处理	1. 能根据不同需求去搜寻、获取并选择信息 2. 能筛选信息，并进行信息分类 3. 能使用多媒体等手段来展示信息	□A □B □C □A □B □C □A □B □C
数字应用	1. 能从不同信息源获取相关信息 2. 能依据所给的数据信息，做简单计算 3. 能用适当方法展示数据信息和计算结果	□A □B □C □A □B □C □A □B □C
与人交流	1. 能把握交流的主题、时机和方式 2. 能理解对方谈话的内容，准确表达自己的观点 3. 能获取信息并反馈信息	□A □B □C □A □B □C □A □B □C
与人合作	1. 能挖掘合作资源，明确自己在合作中能够起到的作用 2. 能同合作者进行有效沟通，理解个性差异及文化差异	□A □B □C □A □B □C
解决问题	1. 能说明何时出现问题并指出其主要特征 2. 能做出解决问题的计划并组织实施计划 3. 能对解决问题的方法适时做出总结和修改	□A □B □C □A □B □C □A □B □C
革新创新	1. 能发现事物的不足并提出新的需求 2. 能创新性地提出改进事物的意见和具体方法 3. 能从多种方案中选择最佳方案，并在现有条件下实施	□A □B □C □A □B □C □A □B □C
学生自我打分		

（2）学生以小组为单位，对本工作项目的实施过程与结果进行自评，将自评结果填入小组自评表，见表 5-2-3。

表 5-2-3 小组自评表

评价内容	评 价 标 准	分值	评分
团队建设	团队合作紧密、互帮互助	10	
	工作态度端正、作风严谨	15	
	遵守法律法规和工作准则	10	
工作情况	计划制订周密、组织有序	15	
	按计划、高效率完成工作	20	
	工作成果完整且质量达标	30	
	合　　计	100	

（3）教师就专业操作能力对小组工作过程与结果进行评价，并将评价结果填入专业能力测评表，见表 5-2-4。

表 5-2-4　专业能力测评表

（在□中打√，A 掌握，B 基本掌握，C 未掌握）

业务能力	评价指标	测评结果	备注
调研本地连锁企业总部运营模式	1. 清晰明确总部运营模式的重要性 2. 调研信息的准确性	□A　□B　□C □A　□B　□C	
根据知识分析企业总部运营模式	1. 准确分析连锁企业总部运营模式 2. 准备把握总部运营模式的内容	□A　□B　□C □A　□B　□C	
根据企业实际情况设计总部运营模式	1. 准确了解总部运营模式的内容设计 2. 准确了解设计总部运营模式的步骤 3. 设计合理的总部运营模式	□A　□B　□C □A　□B　□C □A　□B　□C	
其他			

教师评语：

教师打分		教师签字	

（4）企业对小组工作过程与结果进行评价，并将结果填入企业评价表，见表 5-2-5。

表 5-2-5　企业评价表

关键考核指标	分值	得分
调研本地连锁企业总部运营模式	30	
根据知识分析企业总部运营模式	30	
根据企业实际情况设计总部运营模式	40	
合　计	100	

（5）根据上述结果填写综合评价表，见表 5-2-6。

表 5-2-6　综合评价表

自我评价(10%)	小组自评(10%)	教师评价(50%)	企业评价(30%)	综合评价

工作活动 3　特许经营总部的信息管理

工作活动目标

（1）掌握特许总部信息管理的内容；
（2）掌握特许总部信息管理的步骤。

职业工作情境

小李的甜茶店特许经营体系的有效运营管理，离不开信息管理。使用 IT 新技术进行管理和组织，为企业特许经营活动提供了一个全新的世界。同时，技术、管理和业务流程的变革和创新，使管理信息系统成为企业管理和业务人员所必须掌握的工具，以提高特许经营企业运营管理的效率和效益。特许经营管理信息系统包括特许经营体系总部、单店管理信息系统、大型特许经营体系的任务、应用模型、电子商务等内容。

职业知识储备

知识点 1　初创特许经营体系的信息管理

微课 5-4：养成勤勉细致的职业习惯，学习特许经营中的供应链管理

初创特许经营体系的特许人总部和受许人加盟店建立管理信息系统的主要目标是提高特许经营的效率和生产能力，同时，管理信息系统还能帮助特许人和受许人获得企业的发展和扩张方面的应用知识。

一、总部管理信息系统的功能

建立特许人总部的管理信息系统，必须从总部在特许经营体系中的重要作用和开展的业务活动入手。

（一）总部的业务活动

图 5-3-1 描绘了特许人总部所开展的业务活动，主要包括四方面的活动。

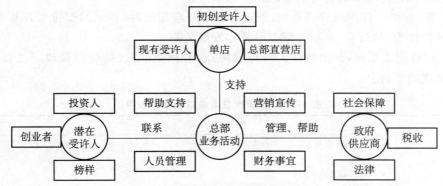

图 5-3-1　总部开展的业务活动

（1）开展好总部的各项业务活动，如做好营销工作、财务管理工作、人力资源管理工作、办公事务处理工作，房地产开发工作等使特许经营体系健康、稳定、快速地发展。

（2）帮助和支持特许经营单店，如初创受许人的单店、现有受许人的单店以及总部的直营单店，履行好总部的职责。

（3）针对有意加盟的创业者、投资人、特别是即将加盟的潜在受许人和受许人榜样进行营销和广告宣传，以促进特许经营的发展。

（4）做好与政府各部门、社会咨询服务组织、中介组织、新闻媒体、供应商、社区以及与特许经营体系有联系部门和人员的沟通工作，为特许经营体系营造良好的经营环境。

这些活动中最值得注意的是做好单店支持保障工作，因为单店是直接销售产品和提供服务的地方，单店经营的好坏决定着特许经营体系的绩效和生存发展。

为促进特许经营体系的发展,要注意加强与潜在受许人的联系,潜在受许人或是通过亲戚、朋友、熟人与总部联系获取特许经营机会的潜在受许人,或是想要拥有和管理经营加盟单店的现有创业者、投资人,或是通过各种广告、网站宣传、社区服务和公共关系等营销渠道而来的各种社会人员。

另外,供应商可以为特许人总部、加盟单店提供产品原材料和其他更多服务。下列人员都可以算作供应商:营销代理人、会计、保险公司、律师、管理信息系统提供商、房地产代理商、人力资源管理公司等。

最后,特许人总部要受到政府的管理,上缴各种税收并遵守商业法律法规,如劳动合同法等。

(二)总部管理信息系统的功能

根据图 5-3-1 所示的业务活动,管理信息系统可以在五个主要方面改善特许人总部的运作状况,如表 5-3-1 所示。

(1)特许经营支持系统,通过各种任务应用软件,如帮助平台软件、业绩跟踪软件、营销软件、财务管理软件和审计软件等,为经营网点提供支持。

(2)特许经营开发系统,通过各种任务应用软件,如营销软件、公共关系管理软件、房地产开发管理软件等,与潜在受许人建立联系和发展关系。

(3)特许人总部办公室管理系统,通过各种任务应用软件,如人力资源管理软件、会计软件、融资软件等,帮助特许人处理办公室事务。

(4)政府/供应商沟通管理系统,通过各种任务应用软件,如时间安排管理软件、客户关系管理软件等,与政府/供应商建立联系和发展关系。

(5)信息交流系统,帮助特许人与经营网点、潜在受许人、供应商和政府进行有效的联系和交流的平台。

表 5-3-1 管理信息系统对总部的作用

	加盟单店	
潜在受许人	<ul><li>特许经营支持</li><li>帮助平台</li><li>业绩跟踪</li><li>营销</li><li>审计</li><li>特许经营开发</li><li>营销</li><li>潜在受许人联系管理</li><li>房地产管理</li><li>总部办公室管理</li><li>人力资源管理</li><li>会计</li><li>融资</li><li>政府/供应商沟通管理</li><li>政府</li><li>供应商</li><li>与经营加盟单店、潜在受许人、政府和供应商的沟通联系</li></ul>	政府
	供应商	

为了实现上述五项功能,特许总部可以使用表 5-3-2 所示的管理信息系统。由于竞争激烈,许多软件供应商都把常用的管理信息系统整合成一套办公组件,以降低成本。

表 5-3-2　总部使用的典型管理信息系统

典型信息系统	特许经营支持	特许经营开发	办公室管理	沟通管理	联系
会计			×		
沟通联系管理	×	×		×	×
数据库管理	×	×		×	×
办公管理软件	×	×		×	×
电子邮件	×	×		×	×
帮助平台管理系统	×			×	×
业务处理程序	×	×			×
电子制表	×	×			
网页浏览器	×	×		×	
网站设计和管理	×			×	
促销、营业推广	×	×		×	×

二、单店管理信息系统的功能

受许人加盟单店采用什么样的管理信息系统,与受许人加盟单店的日常业务活动密切相关。

(一)受许人加盟单店的日常业务活动

一般而言,受许人加盟单店的日常业务活动需要考虑顾客、特许人总部、政府和供应商的情况。加盟单店的业务活动主要包括以下四个方面。

(1)向常来的顾客、不常来的顾客、潜在的顾客,特别是忠诚顾客销售产品或提供服务,并赢得信誉。

(2)与特许体系总部保持良好的关系,利用好总部提供的帮助平台,接受总部或地区代表的管理控制,做好单店经营管理工作。

(3)开展好单店的产品服务、人员管理、店铺资产管理、营销宣传和财务管理等各项业务活动,促使单店的经营蒸蒸日上。

(4)处理好与政府、供应商、其他加盟单店以及潜在受许人和社区的关系,遵守法律法规,按时申报上市,如图 5-3-2 所示。

要开展好加盟单店的各项业务活动,就要靠管理信息系统的联系和支持。

(二)管理信息系统对于受许人加盟店的基本功能

根据图 5-3-2 所示的加盟单店业务活动,管理信息系统对于受许人加盟店主要有以下三种基本功能。

(1)单店经营管理运作,包括加盟单店的销售业务、顾客跟踪服务、日常经营管理控制、营销和资产管理。

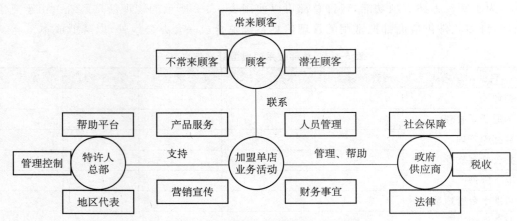

图 5-3-2　加盟单店开展的业务活动

（2）办公事务管理，包括人力资源管理、会计和融资。

（3）政府/供应商等沟通联系和管理，包括与政府、供应商、其他加盟单店、潜在受许人以及社区等建立良好的关系。

为了实现这三种功能，受许人加盟单店可以使用表 5-3-3 所列的管理信息系统。由于竞争激烈，许多软件供应商都把常用的信息系统整合成一套办公组件，以降低成本。

表 5-3-3　受许人加盟单店使用的典型管理信息系统

典型信息系统	经营运作	事务管理	沟通联系
销售时点系统	×		
会计、财务软件		×	
沟通联系管理			×
各种业务软件程序	×		
数据库管理		×	×
办公管理软件		×	
电子邮件		×	×
电子显示平台	×		
互联网		×	×
促销		×	×

知识点 2　大型特许经营体系的信息管理

一、特许经营体系的信息管理系统架构

（一）信息管理系统架构

通常特许经营体系的信息管理系统一般由前台营业系统（即门店营业管理系统）和后台管理系统（即总部管理系统）组成，零售流通型的特许经

微课 5-5：加强与时俱进的职业素养，了解特许经营的信息系统建设

营体系一般由总部系统、配送中心系统、门店系统三部分组成的(见图5-3-3)。

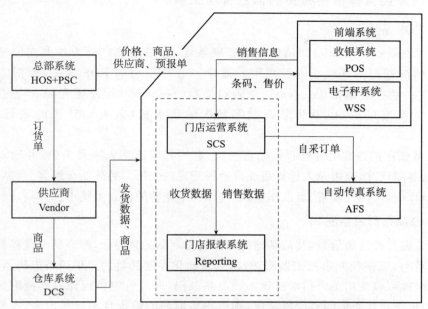

图 5-3-3　特许连锁信息管理系统总体架构示意图

总部管理系统一般包括基础数据及系统管理、商品进货管理、商品配送管理、商品批发管理、商品价格管理、商品账管理、会员管理、财务管理、连锁店管理、人事管理、统计分析、总经理查询等子系统。

配送中心管理系统一般包括库存管理、配送中心通信管理、配送中心系统管理等子系统。

门店管理系统包括零售点终端(POS)以及门店销售管理、门店进货管理、门店事务管理、门店系统管理、门店通信管理等子系统。

(二) 系统数据库

通常,系统数据库由以下部分组成。

(1) 基础数据库:基础数据库管理商业经营的基础数据,它是整个商业应用系统正常运转的基础。

(2) 商品流转数据库:商品流转数据库是商品流转信息的记录,通过它对商品进、销、存、调进行管理,是财务管理与计划统计的基础,是信息量最大、发生最频繁、最活跃的数据。

(3) 财务数据库:创建基于商品进销存调上的财务类数据。

(4) 人事数据库:人事数据库的内容包括宏观与微观两个方面。宏观上包括整个企业的组织机构、部门设置、定员现员、人才需求及劳动工资等的状况。微观上包括员工档案的管理。

(5) 统计数据库:统计数据库建立在基础数据库、商品流转数据库、财务数据库和人事数据库之上。它包括通常内容的商品购销存调统计分析数据。

二、特许经营体系中常用的信息管理工具

(一) POS 系统

POS 系统(point of sale)即销售时点管理系统,这一系统广泛为各大连锁经营企业特别是零售流通型的连锁企业所采用。通常一套简单型的 POS 系统,包括一部 PC、两台收银机、数据解码器(Modem)、条码扫描器(Scanner),此外还有配合电子订货或盘点的掌上型终端机,以及为掌握顾客情况的读卡机,或自动转账的银行 POS 连线等。

POS 系统在销售发生时就收集销售情报,利用扫描器读入商品条码,并输入客户设定的日期、时间状况,经由录入计算后成为销售管理的依据。另外结合顾客、商品、供应商的基本资料,配合订货、发货、盘点作业,便构成一个完善的信息系统了。

(二) 商品条形码系统

如何掌握各种流通信息,其最基础的工作就是商品的条码化,即商品的代码转换为平行线条的符号,以便让光学扫描器阅读,达到自动化控制的目的。采用条形码系统后,在顾客结算时就可以使用条码扫描器读入该商品条码,通过收银机内译码器或附加译码装置,在收银机中查找条形码对照目录库,则可将该商品的销价自动显示出来,实现商品单品管理。在库存管理中,采用条码自动识别系统对商品入库、统计、出库带来快速准确的管理效益。商品条形码系统已是国内外连锁店必备的设施之一。

(三) EOS 电子订货系统

EOS(electronic ordering system)被称为没有纸张的订货系统。是指门店将订货数据输入计算机,通过计算机通信网络连接的方式将资料传送至总部或供应商处,即可完成订货手续,并验收商品。它的优点在于人人都可进行订货,避免错误,节约订货时间。采用 EOS 系统,实现多品种、数量少、多频率的配送,降低加盟店库存压力,减少缺货率。如果掌握畅销品及滞销品情况,则能妥善利用店面的有限空间,比较订货及供应商送货资料,对供应商实施管理,以控制供应商配送商品的质量。

职业技能操练

工作项目

调研一家连锁企业的信息管理系统现状。

项目背景

小张所在的连锁企业因为是刚发展起来的连锁企业,其在供应商、门店、加盟商以及顾客管理等方面并没有运营先进的信息技术,导致总部各方面运营效率低下且成本也高,为了改善这种情况,适应市场动态要求,公司要求小张进行信息系统的建设工作。

工作目标

★ 调研本地连锁企业总部信息系统建设情况。

★ 分析该企业信息管理系统带来哪些便利。

★ 分析该企业信息管理系统的弊端并提出改进建议。

工作情境 5 特许经营总部管理系统建设

工作计划

请将调研连锁企业信息管理系统建设现状计划填入表 5-3-4。

表 5-3-4 调研连锁企业信息管理系统建设现状计划表

工作要点	计划描述
调研本地连锁企业总部信息系统建设情况	
分析该企业信息管理系统带来了哪些便利	
分析该企业信息管理系统的弊端并提出改进建议	

工作实施

步骤一：进行企业调研。

【基础任务】选择本地一家特许连锁企业进行该企业信息管理系统应用情况调研，搜集各种信息。

企业基本情况：

信息系统建设情况：

步骤二：分析信息系统的作用。

【基础任务】基于对该企业现有信息系统建设的情况进行分析，了解信息系统建设对连锁企业开展特许经营的影响。

对于企业总部运营的影响：

对于单店运营的影响：

对于人员管理方面的影响：_____
_____

对于供应商管理的影响：_____
_____

对于商品配送管理的影响：_____
_____

对于其他方面的影响：_____
_____

步骤三：分析该企业信息管理系统的弊端并提出改进建议。
【基础任务】 基于企业真实情况和信息技术发展动态，提出建议。

总部信息系统：_____
_____

店面信息系统：_____
_____

供应链信息系统：_____
_____

其他方面信息系统建设：_____
_____

工作项目评价

评价方式采用多元化评价，评价主体由学生、小组、教师与企业构成，评价标准、分值

及权重如表 5-3-5 所示。

(1) 学生对自我在工作活动中的职业核心能力进行自评,将自评结果填入职业核心能力自测表,见表 5-3-5。

表 5-3-5　职业核心能力自测表
(在□中打√,A 通过,B 基本通过,C 未通过)

职业核心能力	评 估 标 准	自测结果
自我学习	1. 能进行时间管理 2. 能选择适合自己的学习和工作方式 3. 能随时修订计划并进行意外处理 4. 能将已经学到的东西用于新的工作任务	□A　□B　□C □A　□B　□C □A　□B　□C □A　□B　□C
信息处理	1. 能根据不同需求去搜寻、获取并选择信息 2. 能筛选信息,并进行信息分类 3. 能使用多媒体等手段来展示信息	□A　□B　□C □A　□B　□C □A　□B　□C
数字应用	1. 能从不同信息源获取相关信息 2. 能依据所给的数据信息,做简单计算 3. 能用适当方法展示数据信息和计算结果	□A　□B　□C □A　□B　□C □A　□B　□C
与人交流	1. 能把握交流的主题、时机和方式 2. 能理解对方谈话的内容,准确表达自己的观点 3. 能获取信息并反馈信息	□A　□B　□C □A　□B　□C □A　□B　□C
与人合作	1. 能挖掘合作资源,明确自己在合作中能够起到的作用 2. 能同合作者进行有效沟通,理解个性差异及文化差异	□A　□B　□C □A　□B　□C
解决问题	1. 能说明何时出现问题并指出其主要特征 2. 能做出解决问题的计划并组织实施计划 3. 能对解决问题的方法适时做出总结和修改	□A　□B　□C □A　□B　□C □A　□B　□C
革新创新	1. 能发现事物的不足并提出新的需求 2. 能创新性地提出改进事物的意见和具体方法 3. 能从多种方案中选择最佳方案,并在现有条件下实施	□A　□B　□C □A　□B　□C □A　□B　□C
学生自我打分		

(2) 学生以小组为单位,对本工作项目的实施过程与结果进行自评,将自评结果填入小组自评表,见表 5-3-6。

表 5-3-6　小组自评表

评价内容	评 价 标 准	分值	评分
团队建设	团队合作紧密、互帮互助	10	
	工作态度端正、作风严谨	15	
	遵守法律法规和工作准则	10	
工作情况	计划制订周密、组织有序	15	
	按计划、高效率完成工作	20	
	工作成果完整且质量达标	30	
合　　计		100	

（3）教师就专业操作能力对小组工作过程与结果进行评价，并将评价结果填入专业能力测评表，见表5-3-7。

表5-3-7 专业能力测评表

（在□中打√，A掌握，B基本掌握，C未掌握）

业务能力	评价指标	测评结果	备注
调研本地连锁企业总部信息系统建设情况	1. 清晰明确信息系统建设对于连锁企业运营的重要性 2. 调研信息的准确性	□A □B □C □A □B □C	
分析该企业信息管理系统带来了哪些便利	1. 准确分析连锁企业信息系统给企业带来的影响 2. 准备把握信息系统建设的内容	□A □B □C □A □B □C	
分析该企业信息管理系统的弊端并提出改进建议	1. 准确了解信息系统建设的内容设计 2. 准确了解设计信息系统的步骤 3. 设计合理的信息系统建设	□A □B □C □A □B □C □A □B □C	
其他			

教师评语：

教师打分		教师签字	

（4）企业对小组工作过程与结果进行评价，并将结果填入企业评价表，见表5-3-8。

表5-3-8 企业评价表

关键考核指标	分值	得分
调研本地连锁企业总部信息系统建设情况	30	
分析该企业信息管理系统带来了哪些便利	30	
分析该企业信息管理系统的弊端并提出改进建议	40	
合　　计	100	

（5）根据上述结果填写综合评价表，见表5-3-9。

表5-3-9 综合评价表

自我评价(10%)	小组自评(10%)	教师评价(50%)	企业评价(30%)	综合评价

职业素养指南

喜士多管理信息系统怎样完善其体系业务流程

上海喜士多便利连锁有限公司于2001年4月在上海成立，并以上海为中心，辐射华东、华南等地区。

华东区于2002年成立杭州、苏州、昆山分公司,2006年成立无锡分公司,2008年拓展至宁波、绍兴地区,2009年拓展至嘉兴、常州地区,2010年拓展至张家港;华南区于2003年成立广州喜士多便利连锁有限公司,2007年拓展至深圳、佛山地区。

喜士多目前主要针对上海、杭州、昆山、苏州、无锡、广州、深圳、宁波、佛山、绍兴、嘉兴、常州、张家港13个地区开放加盟业务。喜士多每天24小时,365天全年无休以提供消费者最便利之服务,因此不能无故暂停营业或歇业。至目前喜士多已拥有直营店及加盟店相关网点600家,成为便利连锁行业的后起之秀。

喜士多引进日本、中国台湾地区先进的管理与技术,目标是成为国内领先的便利店连锁体系。

素养讨论:
(1) 喜士多在打造国内领先的便利店连锁体系中,如何设计管理信息系统?
(2) 管理信息系统对喜士多便利连锁体系业务流程的完善将发挥怎样的作用?

思政教育园地

授 人 以 渔

从前,有两个饥饿的人得到了一位长者的恩赐:一根鱼竿和一篓鲜活硕大的鱼。其中,一个人要了一篓鱼,另一个人要了一根鱼竿,于是他们分道扬镳了,二者不久之后都因缺乏合作而饿死了。另有两个饥饿的人,他们同样得到了长者恩赐的一根鱼竿和一篓鱼。只是他们并没有各奔东西,而是商定共同去找寻大海,他俩每次只煮一条鱼,他们经过遥远的跋涉,来到了海边,从此,两人开始了捕鱼为生的日子,几年后,他们盖起了房子,有了各自的家庭、子女,有了自己建造的渔船,过上了幸福安康的生活。

在特许经营中,特许人和受许人通过资源的整合形成利益共同体,双方应该本着共同发展的原则经营共同的特许经营事业,才能打造特许经营品牌的良好声誉,实现企业的长远目标。

思政评析: 一个人只顾眼前的利益,只顾自身的利益,不懂得双赢和共同发展,那么他得到的终将是短暂的欢愉;我们要发扬合作共赢的职业素养,懂得取长补短,共同发展,把才能和工作前景结合起来,才有可能成就一番事业。

工作情境6

特许经营推广招募规划

➡ 情境目标

【知识目标】

(1) 掌握特许经营发展战略目标的制定及市场选择的考虑因素；
(2) 掌握特许经营常见的推广渠道及策略；
(3) 熟悉和掌握特许经营推广方案撰写的方法；
(4) 掌握特许经营招募计划书的基本内容；
(5) 掌握特许经营招募实施流程；
(6) 熟悉和掌握特许经营招募计划书撰写的方法。

【技能目标】

(1) 能够编写特许经营推广方案；
(2) 能够编写特许经营招募计划书。

【思政目标】

通过推广前的市场调研，培养学生用理性思维解决问题，用数据说话的思维习惯。特许经营推广渠道及招募流程与信息技术的发展密切相关，通过本部分的学习，使学生具有良好的职业素养和敬业精神，不断更新特许经营理念和知识，坚定遵纪守法的自觉性和按章办事的原则性。

➡ 情境导入

吴先生在便利店行业工作多年，看中了便利店当前的迅猛的发展势头，决定自主创业，创立了"久久便利"特许经营品牌，主要以经营包装食品、消耗型日用消费品和即食食品为主，附带免费加热食品、免费使用打气筒、免费提供开水、代售邮票、信封、电话缴费卡等多种便民服务，和免费收取废旧电池、电卡充值等社会公益性的服务。借助各种信息技术，集成了统一的物流配送系统、食品加工链和专业的生鲜配送库，企业从供货到销售趋于成熟。由于企业刚成立不久，推广力度不够，知名度不高，前来咨询加盟的投资商少之又少，吴先生非常苦闷，为此专门聘请了推广策划专业人员小王出谋划策，进行有效的推广，提高企业知名度，吸引投资者积极加盟该企业。

工作活动

工作活动 1　特许经营推广的渠道与策略
工作活动 2　特许经营招募的方案与实施

工作活动 1　特许经营推广的渠道与策略

工作活动目标

（1）掌握特许经营发展战略目标的制定及市场选择的考虑因素；
（2）掌握特许经营常见的推广渠道及策略。

职业工作情境

推广与加盟招募，是特许经营企业非常重要的一项工作。小王作为负责人，首先应该明白推广前的准备工作有哪些，以及常用的推广渠道及推广策略有哪些，其优缺点是什么。

职业知识储备

知识点 1　特许经营发展战略

特许经营发展战略包括了特许经营发展战略目标和特许经营发展的市场选择两个方面的内容。

一、特许经营发展战略目标

在进行特许经营推广前，首先需要明确特许经营发展战略目标。所谓特许经营发展战略目标，就是在一定的时期内（通常是 3~5 年）特许经营体系所需要达到的店数规模、营业收入市场份额等目标。

微课 6-1：强化高瞻远瞩的职业追求，认知特许经营的发展战略制定

特许经营发展战略目标的制定，首先要基于连锁经营企业的整体战略目标来进行考虑。不少连锁经营企业既有特许连锁，也有直营连锁，通常会根据不同的发展阶段考虑各自一定的比例。

其次，要根据市场竞争的状况来考虑特许经营发展战略目标的设定。发展战略目标的设定，决定了发展速度的快慢。有的行业，为了竞争的需要，必须在尽可能短的时间内建立起网点，快速占领市场。

当然，特许经营发展战略目标的制定还需要结合特许经营企业自身实力、控制能力等因素。有不少特许经营企业，发展速度非常之快，但是却无法对庞大的特许经营体系进行支持和管理，最后"来也匆匆、去也匆匆"，很快被竞争对手击垮。

二、特许经营发展的市场选择

并非所有的市场都适合特许经营企业进入。在考虑特许经营发展时,需要考虑市场需求、市场成熟程度、市场竞争状况,以及相关资源配置与运营效率等情况。

所谓市场需求的考虑,就是特许经营企业在选择市场时,首先需要考虑准备进入的市场是否有这方面的消费需求及消费能力。例如,肯德基和麦当劳在最初进入中国时,主要是在大城市开店,考虑的就是市场对西式快餐的接受程度和消费能力,如果一下子就发展到二三线城市,那么很容易遭受失败。特许经营发展要考虑市场的成熟程度,有的特许经营企业可能适合市场发展的早期进入,有的可能适合市场发展到一定程度后进入,这样省去了市场培育的过程。

竞争状况也是进行市场选择需要考虑的重要因素。选择不同的市场,意味着选择了不同的竞争对手,如果自身不具备竞争的优势,那么进入这个市场以后,很可能会失败而归。比如,同样是经营西式快餐的德克士,早在1996年到1998年间,曾一腔热血与麦当劳、肯德基在一线城市进行正面对抗,短短两年间就在13个大城市建立了54家直营店。但由于品牌影响力太小、运营成本居高不下,德克士持续亏损。在这种情况下德克士不得不忍痛关闭北京、上海、广州等地区分店。随后德克士吸取教训,采取"农村包围城市"战略,向麦当劳、肯德基无暇顾及的国内二三线城市进军,获得了成功。

另外,特许经营发展的市场选择,还需要考虑特许经营体系资源配置和运营效率。特许经营的成功,需要总部建立强大的支持和管理系统,包括物流配送、培训督导等方方面面。如果特许经营的市场区域过于广阔,而物流配送等支持系统跟不上来,那么特许经营店很容易遭受失败。所以很多成功的特许经营企业采取在区域市场集中开店的策略以获得资源配置和运营效率方面的优势。

知识点2 特许经营推广渠道与策略

特许经营企业应根据特许经营推广战略,充分利用各种渠道和机会进行特许经营推广,以吸引尽可能多的潜在加盟商。特许经营推广的渠道和方式有很多,比如,在相关报纸、杂志、电视等媒体上投放广告,参加特许经营展会或相关行业展会、专业展会,召开加盟说明会,发布特许经营招商信息,建立特许经营项目网站,并通过互联网发布、传播加盟信息,委托咨询顾问机构、行业协会、代理机构等第三方进行代理招商及利用直营店和加盟店店面进行推广等。以下介绍媒体广告、展会、互联网、店面四种常见的特许经营推广方式。

一、特许经营媒体广告推广策略

媒体广告是特许经营推广的常见方式。然而,广告界有一句名言:广告费用有一半是浪费的,但问题是你并不知道浪费的是哪一半。事实上,如果没有很好的媒体广告选择、评估和策划,很可能浪费的广告费还不止一半。

（一）了解各种类型的广告媒体特性

进行广告媒体选择时，首先需要了解不同媒体类型的特征。不同类型的媒体有其不同的传播特征，其受众也是不一样的，即便是同一种媒体，比如说电视媒体，还会有各种频道，不同频道所对应的受众也有很大差异。按照载体的不同，广告媒体可以分为平面媒体、电视媒体、广播媒体、户外媒体、新媒体五大类型，表6-1-1是几种主要媒体的基本特性介绍。

通过了解不同类型媒体的特性，特许经营总部就可以找到适合自己进行特许经营推广的媒体类型。

表 6-1-1　几种主要广告媒体的基本特性

媒体	优　势	局　限
报纸	时效性、灵活性强，当地市场覆盖面大，可信度高	保存时间短、复制质量差、读者传阅率低
电视	综合视觉和听觉符号、感官吸引力强、受众注意力高度集中、传播面广、受众人数多	绝对成本高、广告拥挤，展露时间短、受众选择余地小
广播	成本低、受众总量大	只有声音效果、注意程度低，展露时间短、受众选择余地小
杂志	地理和人口选择性强、可靠、声誉好、保存时间长、复制质量高、读者传阅率高	广告版面购买前置时间长、时效性差、刊登位置不保证
直接邮寄	受众有高度可选择性、灵活性、信息传播高度个人化、同一媒体内无广告竞争	成本较高、邮寄广告过多容易引起受众反感，获得邮寄名单比较困难
户外广告	展露时间长、成本低、竞争力弱	受众可选择性差、广告创造性受到限制

（二）广告媒体的评估

在对具体的媒体进行评估时，一般从以下几个角度进行评估。

（1）发行量

媒体的发行量对大众媒体而言，是衡量媒体的规模和影响面大小的一个重要尺度。对于报刊媒体来说，发行量指的是每期发行（包括零售和订阅）的总份数；对于电视和广播媒体，发行量指的是收看或收听的受众总量。

（2）媒体受众

媒体受众指接触某种媒体，并且通过这种媒体获取信息的人，包括直接接触者和通过传阅接触者。

（3）有效受众

所谓有效受众，是指接触媒体的并具有广告诉求对象的特点的受众。在评估特许经营推广招商的媒体选择时，媒体的有效受众即有可能成为受许人的潜在加盟商，这是在媒体选择评估时的一个非常关键的因素。有不少特许经营企业在选择媒体的时候，只是考虑媒体的知名度和发行量，却忽略了分析该媒体到底有多少有效受众，因此经常出现花了不少钱，却没有起到好的推广招商效果的情况。

（4）千人成本

千人成本是指在某一媒体发布的广告接触1 000个受众所需要的费用，一般的计算公式是：广告费用除以媒介的受众总量再除以1 000。这个尺度可以明确地显示出在某一媒介发布广告的直接效益，因此常常作为评估媒介的重要量化标准。为了获得最低成本、最大效益，一般选择千人成本最低的媒体。

（三）广告发布的有效频度

广告是一种营销的方式，更是一门艺术。从广告的定位、诉求策略、广告表现到媒体排期，都会影响到广告的效果，其中广告发布的频度，也是影响广告效果的重要因素。

关于广告发布的有效频度，最为著名的是克鲁门（Krugman）博士在1972年提出的"三次理论"。他认为，人们普遍相信的"广告需要不断强化才能防止受众忘却"的观点是片面的，广告不断显露，并不如广告最初发布的2～3次有效。他核心的观点就是：消费者第一次看广告时知道是什么商品，第二次看广告时则了解商品的特征，第三次接触时对于商品是否符合自己的需求就可以明确了解，以后再看多少次，其效果都是一样的。

当然，"三次理论"并非绝对，有效频度还与项目情况、市场状况、媒体选择、广告创意等多种因素相关（见表6-1-2），因此，在考虑广告发布时，还需要综合考虑这些因素，以获得最佳的推广效果。

表6-1-2　影响广告发布的最低有效频度的因素

因素	项目内容	具体影响
项目情况	新产品或新项目	新产品和新项目过去没有广告积累，因此最低有效频度的值会高于已经有广告铺垫的产品
	复杂性	复杂的产品和项目需要较多的说明，因此最低有效频度的值高于简单的产品和项目
	市场占有率	市场占有率越高的产品和项目，有效频度的值越低
市场状况	市场区隔	市场细分越准确、策略越正确，广告需要的最低有效频度的值越低
	细分的指标	高市场细分标准可以降低最低有效频度的值
	竞争状况	消费者的品牌忠诚度越低，需要的最低有效频度的值越高；消费者群体平均年龄越低，需要的最低有效频度的值越低；竞争品牌广告活动活跃时，需要的最低有效频度的值比较高
广告创意	内容	广告内容越有吸引力，需要的最低有效频度值越低
	单位	广告版面越小、时间越短、时效性越差，最低有效频度的值越高
	受众的媒体注意度	受众的媒体注意度越高，最低有效频度的值越低
	媒介组合	媒介组合越合理，最低有效频度的值越低

二、特许经营展会推广策略

专业展会的意向加盟者相对集中，能够有效展示特许经营企业和其项目形象，方便与潜在加盟者现场进行沟通，是特许经营推广招商的常用方式。但是，并不是参展就一定能够获得良好的推广效果，任何一次参展，都需要审慎的评估和精心的策划，才可能达到预期的目标。

（一）自身情况评估

首先企业需要对自身情况进行评估，确定是否适合采取展会的形式进行特许经营推广。

第一，特许经营项目的定位和加盟商模型。比如一个关于农村养殖的项目或者小型农资产品特许加盟的项目，其招商对象一般是农村个体经营户或养殖户，那么可能就不太适合通过在城市举办的展会进行推广招商。

第二，特许经营推广阶段和计划。比如在特许经营导入期，特许经营模式还不成熟，所发展的加盟店也有一定的尝试性，这个时候一般不适合通过展会进行大规模招商。

微课 6-2：遵循达诚申信的职业素养，学会特许经营的展会推广策略

第三，结合特许经营推广的目标市场，来考虑参加哪些区域的展会。例如，计划启动华北市场，最好考虑参加华北市场的展会，而不是去参加华东、华南等地的展会。

（二）展会的选择评估

并不是所有的展会都适合特许经营企业参加，参加一个展会需要投入大量的人力和财力，一个错误的参展选择，对企业来说就是一个巨大的浪费。因此在参展前，要对展会的情况进行较为全面的评估，以期获得良好的效果。一般来说，可从以下几个方面对展会进行评估和选择。

1. 展会的主题定位

适合特许经营招商的展会大致可以分为特许展会、创业投资展会、行业展会三种类型。特许展会的参展观众意向相对明确，专业素质相对较高，是特许经营推广主要选择的展会类型；创业投资型展会也可以考虑参加，但是因为涉及面比较广，参展观众也相对分散；行业展会的好处是不仅仅可以吸引对本行业具有一定经验的人员或机构加盟，还可以在参展同时与行业的上下游企业进行沟通。

2. 展会的影响力

现在的展会越来越多，展会的品牌化程度也越来越高。毫无疑问，展会品牌影响力越强，展会招商效果越好。评估展会影响力，除了展会的主题定位，还需要了解展会的主办和承办方、展会的规模、展会地点、展会举办过多少届、往届展览的情况，以及展会召开前针对目标观众投放的广告情况等。

3. 展会的管理、配套服务

一个好的展会，在展会的管理、服务上都具有很高的专业性，这一点在与展览的组织机构进行联系沟通时，以及从它们提供的参展说明书或参展手册就可以看出来。专业的招商展会往往还提供加盟说明会的场地服务，如果想强化展会推广招商效果，这是一个很好的选择。

4. 参展方式以及费用情况

不同的展会的参展费用由于定位、规模以及地点的选择不同而有所不同。了解参展的费用情况，有利于对参展的投入产出进行量化的预测分析。

（三）选择好的展位

不同的展位可能带来不同的效果。一般可以根据组织方提供的信息来选择大小合适

的展位,同时还要考虑其他一些关键因素。

1. 位置

最好的展位一般是展厅入口的第一个(或第一排)展位,其次是沿着主通道两侧的展位,再有就是端头展位。所谓端头展位,就是在比较大型的展会中,展位可能被分成很多排,每一排两端的展位就是端头展位,它们就像超市端头货架的位置,能吸引更多的注意。

2. 借势

借势,是指借助外界的力量来达到自己品牌推广的目的。比如,选择紧挨着某一个知名品牌的展位,这个大名鼎鼎的"邻居"可能会给你带来很大的人气。

(四)做好参展前的准备工作

1. 准备好宣传材料和相关沟通工具

既然是为了招商而参展,参展前就需要准备足够的宣传资料和相关的沟通工具,如宣传册、招商手册、观众登记表、加盟申请表、名片及相关的项目资料。

2. 做好展台的设计与布置

毋庸置疑,一个漂亮的展台比一个空荡的白色台板更吸引人。在很多情况下,展台设计和布置可以交给专业的设计公司做,但即便如此,参展企业也需要对整个设计和布置进行把关。展台的设计需要考虑一些基本的环境因素,包括人流情况、展厅高度、走道地板颜色、走道的宽度及展会有关展台设计和布置的其他要求或限制。另外,展台的设计与布置还需要考虑一些细节,如灯光、文字、展示台的摆放布局等。展台的设计与布置应突出重点,将需要重点突出的商品或物品,展示在展台中最醒目的地方。

3. 对展览现场工作人员进行展前培训

据调查,国内的参展企业有90%以上缺乏对展览现场工作人员的展前培训。在展会上现场人员的不佳表现将给企业带来负面的影响,而这些不佳的表现实际上通过展前的培训就可以避免。展前培训包括基本礼仪与着装要求、特许经营基础知识、项目介绍以及加盟政策、现场沟通技巧、常见加盟问答和展会现场特殊情况处理等内容。

4. 参展前的预热工作

和零售卖场一样,氛围营造对展览的效果有比较大的影响。因此,在展览之前,可以为展览做一些铺垫性的预热工作,如邀请意向加盟商来展览现场进行观摩和咨询,将参展计划告知那些可能对自己的特许经营项目感兴趣的人,通过相关媒体发布特许经营招商计划等。

(五)展会现场的管理与技巧

1. 展会现场的组织管理

成功的展会活动需要良好的组织管理,对展会现场的工作进行分工协作。一般来说,一个展台需要有推广人员、展示人员、展台经理几种不同的分工。展台经理是展台现场的负责人,负责展台现场内外的一切组织工作;推广招商人员负责吸引观众并向观众推荐特许经营项目;有的项目可能需要专人(即演示人员)向观众演示产品使用方法。

2. 展会现场的沟通技巧

展会开始前,需要做好各项准备工作,比如产品的展示陈列、加盟宣传资料的发放等。在展会现场,推广人员应主动跟观众交流,简练、概括性地介绍项目的特点。如果对方表现出想进一步了解的意向,可以邀请其坐下来详谈。在了解到对方的背景和需求,并介绍项目各方面情况后,最好是能对沟通的关键要点做一个总结,并填写沟通情况的记录表,给对方提供相应的加盟项目资料以便对方进一步了解,也可以预约对方在展会后的某一天进一步面谈。每谈完一次,便对沟通的过程进行回顾和评价,查看哪些环节需要改进。在每一天展会结束后,全体工作人员也需要对当天的情况进行总结评价,一起探讨更好的方法和技巧。

3. 提高展会招商效果的一些方法

如加盟商现身说法、现场签订意向协议、举办加盟说明会等都能在一定程度上提高展会的招商效果。

(六) 展会后的工作

1. 意向加盟者的追踪

展会结束后一周内,应与意向加盟者取得联系,并向他们提供进一步的资料信息,或者邀请对方到总部或样板店来进行参观以及进一步的沟通,其后进入正常的加盟资格审核、谈判的程序,直至签约。

2. 展会效果的评估

展会结束一周之内,有必要对展会的整体工作进行评价。包括对展会的投入与收效情况、参展的技巧等进行总结,这样的总结将是下次参展获得更大成功的基础。

三、特许经营互联网推广策略

互联网已成为特许经营推广的重要渠道。第 50 次《中国互联网络发展状况统计报告》中显示,截至 2022 年 6 月,中国网民数量达到 10.51 亿人,互联网普及率达到 74.4%,如图 6-1-1 所示。我国互联网基础设施建设不断加速、数字适老化及信息无障碍服务持续完善,推动我国网民规模稳步增长。

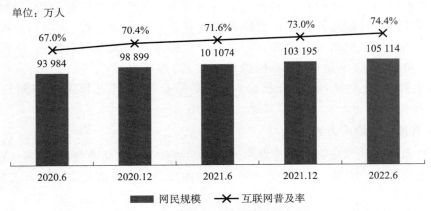

图 6-1-1 网民规模和互联网普及率

（一）特许经营企业（项目）网站建设

作为外界了解特许经营体系的窗口，建立特许经营企业（项目）网站十分有必要，目前全国近 3 000 个特许经营体系的总部几乎都建立了自己的网站。网站建设是通过互联网进行特许经营推广的一项基础性的工作。

特许经营企业（项目）网站的建设特别需要注重网页的设计和内容的规划。特别是网站首页的设计，如同店面的门面，既要美观有亲和力，又要方便访问者查找相关内容。一个好的网站，常常是图文并茂、设计精美、引人入胜的。访问者通过网站，能了解特许经营企业或特许经营项目的相关信息，获得对特许经营品牌的体验。

（二）搜索引擎排名

随着互联网技术的发展，利用 google、百度等搜索引擎，是在互联网上进行特许经营推广的极佳方式。研究结果显示，超过 80%的网络用户习惯通过搜索引擎来寻找所关注的产品服务或其他商业信息，其中 90%的人只查看搜索引擎结果页面的第一页。

因此，特许经营企业尽量使特许经营企业名称或项目网站有机会显示在搜索引擎检索结果的首页或靠前的页面中。如果不能出现在搜索引擎检索结果的第一页或靠前的页面中，信息排名落在竞争对手之后，访问者首先访问的是竞争企业或项目的网站，这样就容易错过推广招商发展的机会。

要使特许经营企业或项目推广的信息能够出现在搜索引擎的首页或靠前的页面，可以通过付费或网络技术优化的方式来实现。因为潜在加盟者主要习惯通过输入关键词来搜索信息，所以付费排名关键在于关键词的选择，选择潜在加盟者最可能使用的关键词，意味着更容易被搜索到。当然，有的搜索引擎对热门关键词的收费可能比普通关键词收费高。网络技术优化排名除了关键词的选择，还需要其他的网络技术的设计，因此一般需要通过专业网络技术机构或专业人员来协助。

（三）付费广告

前面所述付费搜索排名是网络付费广告的一种。除此之外，还可以选择一些潜在加盟者经常登录的专业网站或门户网站投放广告来进行特许经营推广。专业网站一般有两大类型，一是行业网站，如餐饮、美容行业网站等；二是连锁或特许经营专业网站，如连锁中国等。专业网站的特点是目标较精准，而且费用相对较低。搜狐、新浪等大型门户网站，可以选择在其首页或者相关专业频道投放广告，大型门户网站的特点是访问量大，但是费用也非常高。不管是专业网站还是大型门户网站，不同的广告投放方式，如按钮、文字链接，或不同的广告位置，如首页或二三级页面，其广告效果和费用也有很大的差异，在广告投放时，需要结合推广费用和效果预测进行评估选择。

（四）其他免费推广方式

特许经营推广的本质是增加与潜在加盟者的接触点和互动沟通机会，而互联网创造了非常多的免费推广空间，并且不受时间和地域的限制。常见的免费推广方式包括但不限于以下几种。

（1）友情链接推广。所谓友情链接，就是与相关网站进行互换链接，访问者可以通过友情链接来进入特许经营推广的网站,以此来提高特许经营网站的浏览量。

(2)电子邮件推广。电子邮件推广已经成为一种非常盛行的营销推广方式了。通过各种渠道获得潜在加盟者的 E-mail 地址,并给他们定期发送有关特许经营项目的电子邮件,具有不错的效果。

(3)微博、微信、QQ 推广。互联网最重要的特色就是其互动性,像微博、微信、QQ 群等有非常好的互动性,能让潜在加盟者直接与特许经营企业的推广部门联系,其优势是传统的广告无法比拟的。

四、特许经营店面推广策略

(一)店面是特许经营推广的重要渠道

1. 单店店面是特许经营品牌体验的窗口和传播渠道

单店是了解一个特许经营品牌的最重要的窗口,特许经营体系的运营管理状况等一切情况,几乎都能够在单店店面中得到反映。当一个特许经营体系拥有众多的店面,这些店面本身就是一种非常好的宣传和推广。事实上,很多的特许连锁品牌很少投入广告,靠店面同样能获得良好的品牌

微课 6-3:强化开拓创新的职业追求,学会特许经营的店面推广策略

效应。星巴克就是这方面的典范。星巴克进入中国发展至今,几乎没有做过媒体广告,也没有做过大型的营销推广活动,而是依靠其独特的选址技巧和独特的消费体验获得口碑。

2. 店面推广更具有可信度

"耳听为虚,眼见为实"。随着特许经营市场的竞争越来越激烈,特许经营企业通过各种媒体进行推广招商的广告投入越来越多,这使得潜在加盟者有些眼花缭乱,加上有的投机分子利用特许经营进行招商诈骗,导致不少加盟者血本无归,因而加盟投资者越来越理性、越来越谨慎。如今,媒体、展会等推广招商的效果已经大打折扣,加盟者更多倾向于通过对特许经营品牌旗下的店面进行考察来决定是否加盟。

3. 从忠诚顾客到加盟投资者

很多加盟商在加盟前是某个特许经营品牌的忠诚的消费顾客,正是由于在特许经营体系某个店里的消费体验,通过这样的接触和了解,产生对该特许经营品牌的认同感进而产生加盟投资的动机。在全国数千个特许经营体系中,这类加盟商的比例越来越高。

(二)店面建设的基础性工作

正是由于店面在特许经营推广过程中具有重要的作用,无论是直营店还是加盟店的单店管理都显得尤为重要。从消费者和加盟投资者的角度来看,一般来说,单店店面管理需要注重以下几方面。

1. 店面形象系统

店面的形象如同人际交往的"第一印象",是否能够给消费者和潜在加盟投资者留下良好的印象显得非常重要。店面形象系统不仅仅包括店面招牌、员工着装、店面装修,还包括店内布局规划、商品陈列等店内整体环境每一个细节。

2. 商品与服务品质管理

商品和服务是单店经营的核心,因而其商品和服务品质管理是其管理的重点。很难想象,一个商品品质不佳或服务不周到的店面能够吸引到忠诚顾客,更不要说让消费顾客产生加盟投资的动机了。

3. 店面的盈利能力

一个不能盈利的单店很难持续经营,也很难激发起潜在投资者的加盟投资愿望。如果加盟店不能盈利,店面的各种负面信息均可能会显现出来,对消费顾客或者潜在加盟者造成不良影响。

4. 企业文化建设与特许经营关系管理

一个特许经营体系不仅要让加盟店能够赚钱,更重要的是还需要建立起优秀的企业文化,优秀的企业文化不仅能够激发店面员工的工作热情,更能够给顾客带来热情、积极、快乐的感受。特许经营企业还应该加强与受许人的沟通和关系管理,顺畅的沟通和良好的特许经营合作关系,不仅能提升特许经营体系的运营效率,还能够加强加盟商对特许人的认同感。缺乏沟通和良好的特许经营关系,加盟商可能对特许人产生诸多抱怨和不满,当这些抱怨和不满传递给顾客或潜在加盟者时,往往会产生致命的后果。

(三)店面推广的一些策略和方法

比如,在特许经营门店的桌子上打印特许加盟招募咨询电话、在前台张贴特许经营企业微信公众号二维码,通过引导加盟商扫码关注企业相关信息进行推广,或者是利用店内电子显示屏循环播放特许加盟的附属信息等。总之,通过店面进行特许经营推广的方法策略很多,各个特许经营企业可以利用各自的优势因地制宜进行尝试和创新。

📇 职业技能操练

工作项目

学生分组选择三家特许经营企业对推广渠道及策略展开调研与分析,根据实际情况编制推广方案。

项目背景

特许经营企业根据其经营业态、发展战略及营销策略选择不同的推广渠道与策略,每一种推广渠道及策略都有其显著的特征和优劣势。通过对三家特许经营企业的推广渠道及策略进行调研,对比各种策略的异同,发现企业推广过程中存在的问题并对其提出建议。

工作目标

★ 至少走访三家特许经营企业,了解其推广渠道及策略。
★ 分析企业推广的优劣势并提出建议。
★ 根据企业实际情况选择合适的推广渠道及策略,撰写推广方案。

工作计划

请将企业推广策略调研与分析计划填入表 6-1-3。

工作情境 6　特许经营推广招募规划

表 6-1-3　企业推广渠道及策略调研与分析计划表

工作要点	计划描述
收集调研信息	
对比分析提出建议	
撰写推广方案	

工作实施

步骤一：调研特许经营企业战略目标。

【基础任务】至少走访三家特许经营企业，通过与总部人员沟通，收集特许经营企业的战略目标与市场选择时的考虑因素。

战略目标：

市场选择时的考虑因素：
消费能力：

竞争状况：

资源配置：

步骤二：了解企业推广渠道及策略。

【基础任务】对所选特许经营企业的推广渠道及策略进行进一步调研，分析各企业推广渠道及策略的特点，填入表 6-1-4。

表 6-1-4　推广渠道及策略调研表

企业名称	推广渠道及策略	特点

步骤三：对推广渠道及策略进行分析评价。
【进阶任务】分析评价所调研企业的推广策略的优缺点。

推广渠道：

推广策略：

优势：

劣势：

步骤四：撰写特许经营企业推广方案。
【进阶任务】根据企业推广的现状分析，撰写推广方案。

明确企业发展战略目标：

市场选择：

推广渠道：..
....
....

推广策略：..
....
....

总结形成推广方案：..
....
....

工作项目评价

评价方式采用多元化评价，评价主体由学生、小组、教师与企业构成，评价标准、分值及权重如表 6-1-5 所示。

（1）学生对自我在工作活动中的职业核心能力进行自评，将自评结果填入职业核心能力自测表，见表 6-1-5。

表 6-1-5　职业核心能力自测表
（在□中打√，A 通过，B 基本通过，C 未通过）

职业核心能力	评 估 标 准	自测结果
自我学习	1. 能进行时间管理 2. 能选择适合自己的学习和工作方式 3. 能随时修订计划并进行意外处理 4. 能将已经学到的东西用于新的工作任务	□A　□B　□C □A　□B　□C □A　□B　□C □A　□B　□C
信息处理	1. 能根据不同需求去搜寻、获取并选择信息 2. 能筛选信息，并进行信息分类 3. 能使用多媒体等手段来展示信息	□A　□B　□C □A　□B　□C □A　□B　□C
数字应用	1. 能从不同信息源获取相关信息 2. 能依据所给的数据信息，做简单计算 3. 能用适当方法展示数据信息和计算结果	□A　□B　□C □A　□B　□C □A　□B　□C
与人交流	1. 能把握交流的主题、时机和方式 2. 能理解对方谈话的内容，准确表达自己的观点 3. 能获取信息并反馈信息	□A　□B　□C □A　□B　□C □A　□B　□C
与人合作	1. 能挖掘合作资源，明确自己在合作中能够起到的作用 2. 能同合作者进行有效沟通，理解个性差异及文化差异	□A　□B　□C □A　□B　□C
解决问题	1. 能说明何时出现问题并指出其主要特征 2. 能做出解决问题的计划并组织实施计划 3. 能对解决问题的方法适时做出总结和修改	□A　□B　□C □A　□B　□C □A　□B　□C

续表

职业核心能力	评估标准	自测结果
革新创新	1. 能发现事物的不足并提出新的需求 2. 能创新性地提出改进事物的意见和具体方法 3. 能从多种方案中选择最佳方案,并在现有条件下实施	□A □B □C □A □B □C □A □B □C
学生自我打分		

(2) 学生以小组为单位,对本工作项目的实施过程与结果进行自评,将自评结果填入小组自评表,见表 6-1-6。

表 6-1-6 小组自评表

评价内容	评价标准	分值	评分
团队建设	团队合作紧密、互帮互助	10	
	工作态度端正、作风严谨	15	
	遵守法律法规和工作准则	10	
工作情况	计划制订周密、组织有序	15	
	按计划、高效率完成工作	20	
	工作成果完整且质量达标	30	
合计		100	

(3) 教师就专业操作能力对小组工作过程与结果进行评价,并将评价结果填入专业能力测评表,见表 6-1-7。

表 6-1-7 专业能力测评表
(在□中打√,A 掌握,B 基本掌握,C 未掌握)

业务能力	评价指标	测评结果	备注
收集调研信息	1. 明确企业发展战略目标及市场选择 2. 调研的信息准确性	□A □B □C □A □B □C	
对比分析提出建议	1. 准确分析企业的推广渠道及策略 2. 根据问题提出建议	□A □B □C □A □B □C	
撰写推广方案	1. 了解常见推广渠道及策略有哪些 2. 为企业选择合适的推广渠道及策略 3. 合理撰写推广方案	□A □B □C □A □B □C □A □B □C	
其他			

教师评语:

教师打分		教师签字	

(4)企业对小组工作过程与结果进行评价,并将结果填入企业评价表,见表6-1-8。

表6-1-8 企业评价表

关键考核指标	分值	得分
收集调研信息	30	
对比分析提出建议	30	
撰写推广方案	40	
合　　计	100	

(5)根据上述结果填写综合评价表,见表6-1-9。

表6-1-9 综合评价表

自我评价(10%)	小组自评(10%)	教师评价(50%)	企业评价(30%)	综合评价

工作活动2　特许经营招募的方案与实施

工作活动目标

(1)掌握特许经营招募计划书的制订;
(2)掌握特许经营招募实施流程。

职业工作情境

经过学习特许经营推广相关知识,借助合适的渠道及策略进行推广后,"久久便利"品牌知名度得到了很大的提升,前来咨询加盟的投资者众多。如何制定合理的、有效的招募流程,规范招募加盟工作成了现在急需解决的问题。

职业知识储备

知识点1　制订特许经营招募计划书

招募计划书是特许人制作的,向不特定的潜在投资者发出的,介绍特许体系基本情况、加盟条件及加盟程序的书面材料。目的在于向潜在的投资者发出在特许体系内合作的邀请,在法律上并不具有直接的约束力。招募计划书的内容应符合这一目的需求,一般应包括以下内容。

一、特许经营项目介绍

项目介绍是对特许项目主要内容及背景的介绍。首先应把项目放在大的经济背景下进行介绍,说明其有存在的价值。如连锁美容院在招募受许人时,应就当前的社会经济环境、人们的消费水平上升、消费意愿加强及对美容院的需求等方面在宏观上加以阐述,让潜在的受许人对项目的可行性有一个粗略的了解。其次是对项目本身的介绍,包括项目内容、商品和服务的详细情况、市场反应与需求等。

二、加盟特许经营系统的优势

微课 6-4:端正务实高效的职业态度,设计特许经营加盟招募流程

潜在的投资者加盟特许经营体系是因为能够给他们带来经营上的优势,降低进入市场的难度和成本。特许人在编制招募计划书时一定要详细阐述这种优势。一般加盟特许经营体系或给受许人带来如下好处。

(一)方便进入市场

投资者进入一个全新的行业是一件困难的事,需要了解许多行业知识,且仍会面临较大的投资风险。加入特许体系,则可有效规避进入新市场的风险。受许人可以从特许人处学习进入该行业的知识,并长期接受相关培训,有效应对市场的变化。

(二)清晰的市场定位

大部分的商品和服务都可根据不同目标人群进行市场细分,一个商业不可能把某项商品和服务不同层次的所有市场都囊括,一般只会针对某一特定目标人群经营。特许经营体系会对自身的市场定位有清晰的认识,并通过经营指导把这种定位意识传递给受许人,受许人加盟特许体系后就不用花费大量的时间和金钱寻找适合自身的市场定位。

(三)成熟的品牌和形象系统,较高的市场认同度

特许企业都有一个个性鲜明的品牌和形象系统,并取得一定的市场认同,受许人加入特许体系,可以直接使用特许人的品牌和形象系统,避免了创造品牌的成本投入,并可利用特许人已有的市场认同度。

(四)有效的商品和服务体系

大部分的特许人都有专有的产品或服务,这些产品或服务包含了特许人的许多商业秘密,并区分于市场上同类产品或服务,受许人加盟后,根据合同也有权经营与特许人同质的产品或服务。

(五)利用特许人已有的物流配送、售后服务等系统保障体系

受许人可利用特许人已有的物流配送和售后服务等保障体系,从而减少自身在这方面的投入,并可得到自身能力之外的服务。

(六)有效利用特许人现有的市场资源

受许人加入特许体系后,可以利用特许人现有的市场资源。如美容院连锁体系中,在旧有门店办理的消费卡被允许在新门店中使用,从而为新店吸引了部分特许人已经占有的市场资源。

(七)与特许体系所在行业、所经营产品和服务相关的其他特定优势

受许人加盟某些特定产品或服务的经营体系,可得到与该项目相关的特定优势。

三、投资盈利分析

一份完善的招募计划应向受许人明确阐述投入与产出的预算细节,让投资人对未来

的盈利能力和投资风险有一个较为清晰的认识。投资盈利分析一般包括前期投入成本、营运成本及年利润核算3部分,如表6-2-1~表6-2-3所示。

表6-2-1 前期投入成本测算表

装修	
开业筹备	
加盟金	
合　计	

表6-2-2 营运成本测算表

每月成本	店　面　租　金	
	工人工资	
	生活费	
	税费	
	水电费	
	合　计	
年管理费		

表6-2-3 年利润核算表

经营种类	预计年销售额	利　润　率	纯　利　润
经营项目A			
经营项目B			
经营项目C			
经营项目D			
经营项目E			
合计收入			
年成本			
年利润			

四、加盟条件

招募计划书中很重要的一部分内容是潜在投资者加盟特许体系的条件。这部分内容能够为特许人筛选合格的加盟者。不同的特许体系对受许人的加盟条件规定不尽相同,但一般情况下,都会要求受许人达到以下类似的条件。

(一)对投资经营者的条件要求

1. 企业文化认同程度

企业文化是企业经营管理的基本理念和准则,成功的特许经营企业,都具有优秀的企业文化,因此企业文化的认同是加盟商成功的根本,也是特许经营品牌文化保障的根本。而且,特许经营是一种长期的合作关系,如果加盟商缺乏对特许经营体系文化理念的认同,也不利于特许人和受许人长期的合作。

2. 加盟动机

不同的加盟者在寻找加盟投资项目时,可能有不同的动机。有的加盟者是希望通过加盟创业奋力拼搏发展一番事业,有的只是让自有的闲置资金能获得稳定的投资回报,而有的纯粹只是为了个人某方面的兴趣爱好等。因此,特许人需要慎重考虑加盟商的加盟动机,选择最适合的加盟商。

3. 个人信誉

几乎每一个注重自身品牌和体系稳定的特许经营企业都会注重加盟商的个人信誉,一个缺乏个人信誉的受许人不仅可能在与特许人的合作过程中缺乏诚信,还可能会影响到对顾客的服务及与供应商的合作关系。

4. 资金实力

不同的特许经营项目对资金的要求有所不同,资金要求可以量化到具体的数字。不同的特许经营体系还对资金的来源有要求,有的允许是部分借款,有的则可能要求全部是自有资金。

5. 经营经验和能力

不同的特许经营体系和加盟方式对加盟商的经验和能力要求不一。有的要求加盟商必须具备同行业和相关行业的经验,有的则对经验能力没有要求。

6. 文化素质

文化素质是反映加盟商个人素质能力的一个基本标准。文化素质太低,很可能在学习能力、经营管理能力、沟通能力上都会受到限制。当然,并非一定是高学历才能成为一个合格的加盟商。

7. 身心健康状况

加盟特许经营体系并不意味着一定能获得盈利,加盟商需要承担一定的经营风险和经营管理压力,另外,加盟创业需要加盟商付出辛勤的劳动,因此需要有健康的身体状况。

(二)对经营场所的条件要求

(1)房屋结构及其他要求,包括房屋无产权纠纷、朝向、结构、门面、辅助设施等要求。

(2)选址要求。

知识点 2　特许经营招募实施流程

特许经营推广招商需要遵循严格的实施流程,严格的流程既能够提高受许人甄选和加盟店开店的成功率,也能够提高推广招商的工作效率。一般情况下,从推广招商信息发布到签订加盟合同,一共需要经历五个步骤。

一、招募信息发布及咨询

有关特许经营推广信息发布的渠道和策略,我们在上面一节中已经作了详细的介绍。在推广和信息发布过程中,特许经营企业的推广部门会向加盟申请人发放《招募计划书》

和《加盟申请表》，如表 6-2-4、表 6-2-5 所示，并向申请人提供相关的咨询，有的还会邀请和安排申请人来公司总部和样板店参观，其目的在于让申请人对特许经营项目有更多了解，以产生加盟的欲望。

表 6-2-4　加盟计划书

一、请您描述您的从业经验（历任公司职务、职称、年资及年收入与公司性质）

二、请您描述您的性格与家庭状况

三、请您描述对加盟×××的预期的风险与未来第一、第二、第三年的获利期待

加盟申请人签名：　　　　　　　　　　　　　　申请日期：＿＿年＿＿月＿＿日

表 6-2-5　加盟申请表

一、申请人个人资料
姓名＿＿＿＿　　性别＿＿＿＿　　婚姻状况＿＿＿＿
年龄＿＿＿＿　　出生于＿＿＿年＿＿月＿＿日
（公司名称＿＿＿＿＿＿＿＿＿＿＿＿＿＿＿＿＿＿＿）
地址＿＿＿＿＿＿＿＿＿＿＿＿＿＿＿＿＿＿＿＿＿＿
移动电话＿＿＿＿＿＿＿＿＿＿＿　住宅电话＿＿＿＿＿＿＿＿＿＿＿
E-mail＿＿＿＿＿＿＿＿＿＿＿＿＿＿＿＿＿＿＿＿

二、申请人学习经历
已获授最高学位＿＿＿＿＿＿＿＿＿　　学校名称＿＿＿＿＿＿＿＿＿
现在职务＿＿＿＿＿＿＿＿＿＿＿＿＿　　现在公司名称＿＿＿＿＿＿＿＿＿
公司主要营业项目＿＿＿＿＿＿＿＿＿　　现任年资＿＿＿＿＿＿＿＿＿

三、申请人财务状况
目前年度收入＿＿＿＿＿＿＿＿＿＿＿＿＿＿＿
未来开店资金准备＿＿＿＿＿＿＿＿＿＿＿＿＿
其中自有资金＿＿＿＿＿＿＿＿＿＿＿＿＿＿＿
其他资金＿＿＿＿＿＿＿＿＿＿＿＿＿＿＿＿＿
其他资金来源＿＿＿＿＿＿＿＿＿＿＿＿＿＿＿
是否有自己不动产　　□无　　　　□有（位于＿＿＿＿＿＿＿＿＿省城市）

四、对于想开设专卖店及商场专柜介绍
□ 店：地址＿＿＿＿＿＿＿＿＿＿＿＿＿＿＿＿＿
□ 柜：商场＿＿＿＿＿＿＿＿＿＿＿＿＿＿＿＿＿
□ 无，正在洽寻中

五、请简述您的加盟动机

六、总部备注

二、加盟商初步甄选与评估

申请人填写的加盟申请表反馈到特许经营总部后,特许经营总部负责特许经营推广招募的部门会就加盟申请表的相关内容进行认真评估。如果申请人的情况符合加盟的基本条件,则一般会邀请加盟申请人进一步面谈沟通,以进一步确认申请人是否符合加盟要求,此过程同样也是申请人进一步了解特许人的过程。

(一)加盟商甄选评估的内容

(1)申请人的基本情况,包括姓名、性别、年龄、籍贯、联系方式、婚姻状况、家庭情况、身体健康状况、兴趣爱好、受教育程度等。

(2)职业经验,主要包括申请人的个人工作经历、经营管理工作经验、加盟其他特许经营体系的经验等。

(3)加盟理念,主要包括意向加盟者的加盟动机、自我认知、加盟合作理念、管理理念等方面。

(4)财务状况,主要包括加盟申请人能够投入的资金量大小、申请人的个人收入、资产状况及信用记录状况等。

微课 6-5:端正精益求精的职业作风,学会特许加盟选址评估工作

(二)加盟商甄选评估的方法

1. 问卷调查法

问卷调查法是最常用的甄选与评估方法。具体操作如前所述,设计好加盟申请表和问卷,由申请人填写,申请人反馈申请调查表和问卷后,特许人对申请人提供的信息进行评估遴选。

2. 面谈评价法

通过加盟申请的初步评估后,特许人一般会约请申请人进行面谈,面谈一般会就申请表中相关内容进行求证,此外还会涉及其他的相关内容。有的特许经营体系,在招募加盟商时,可能需要经历几次面谈,每次由特许经营总部不同人员就不同内容进行沟通。

3. 访谈调查法

访谈调查法即以电话、电子邮件、见面访问等方式,对了解申请人情况的人员进行访谈调查。

4. 委托调查法

委托调查法即委托相关专业机构调查申请人的银行信用记录、是否有犯罪记录等情况。

5. 实地调查法

有的情况下,特许人会委派专门的人员到申请人现有工作单位和家庭所在地进行实地调查。

6. 实习考察法

有的特许经营企业会让申请人在特许人的直营店和样板店内实习数天,通过实习过程中的表现来考察申请人是否适合做加盟商。

7. 培训考核法

培训考核是申请人已经通过了前期的资格评估审查，进入培训阶段的考核评估。成熟的特许经营体系都会有一整套完善的培训体系，同时对意向加盟商和新加盟商也有严格的要求，如果培训考核通不过，可能不会获得加盟资格。

三、签订加盟合作意向书

特许人经过对申请人的初步评估后，经过双方沟通，通常情况下，在双方签订特许经营合同之前都要签署一份特许加盟意向书。签订加盟合作意向书的目的，一方面是因为在正式的特许经营合同签订前，申请人还必须准备开办加盟店的店铺，因此需要约定将申请人在某一区域市场的加盟资格保留一定的时间；另一方面，在签订正式的特许经营合同前，仍然是特许人和申请人相互进行考察的时期。

四、加盟资格复审

在签订特许加盟意向书后，申请人需要按照特许人的指导和要求寻找适合的店址，并准备工商营业登记等事项。在此过程中，特许人会对申请人各方面情况进行进一步的调查评估，包括对申请人提供的店址进行调查评估，如果申请人的情况及店址的情况经过评估符合要求，则意味着申请人的加盟资格得到进一步确认。

（一）加盟店选址调查评估

在成熟的特许经营企业中，有专门的部门和人员负责加盟店的选址指导和评估。如果没有一个好的店址，加盟资格通常也难以通过。而选址调查评估，就是通过各种方式来确认备选的店址是否符合选址的原则和标准，能否使加盟店经营获得成功。在具体操作中，选址调查评估包括目标城市市场调查评估、商圈调查评估、店址调查评估三个方面的评估。

1. 目标城市市场调查评估

首先，选址应从大处着眼，把握区域市场的整体商业环境，由于区域市场大多以城市为单位，因此我们以城市为例来进行介绍。

（1）城市类型。先看地形、地理、气候等自然条件，继而调查行政、经济、历史、文化等社会条件，判断是工业城市还是商业城市，是中心城市还是边缘城市，是历史城市还是新兴城市。

（2）城市设施。学校、图书馆、医院、公园、体育馆、旅游设施、政府机关等公共设施能起到吸引消费者的作用。因此了解城市设施的种类、数目、规模、分布状况等，对选址是很有意义的。

（3）城市规划。如街道开发计划、道路拓宽计划、高速公路建设计划、区域开发规划等，都会对未来商业产生巨大的影响，应该及时捕捉、准确把握其发展动态。

（4）交通条件。在城市条件中，对店铺选址影响最直接的因素是交通条件，包括城市区域间的交通条件、区域内的交通条件等。

（5）经济发展状况。包括城市的国内生产总值及近两年增长率、人均GDP、社会零售消费总额、人均收入、人均消费、同行业从业人员人均收入等。

（6）消费者状况。包括城市总人口，市区人口，人口结构、数量、比例，市区有多少户家庭、户均人数、从业人员数量、收入、消费水平及消费习俗等。

（7）竞争对手状况。包括该城市竞争对手的数量、门店数量、经营情况等。

（8）媒体情况。平面媒体、电视媒体、广播媒体、户外媒体的数量、发行量、发行对象、发行方式、广告报价等情况。

2. 商圈调查评估

围绕店址为中心的商圈调查评估包括以下内容。

（1）商圈类型和特性，店址所在的商圈属于什么类型的商圈，是商业区还是住宅区，是文教区还是办公区等。

（2）商圈特性的研究，包括商圈范围，即核心商圈、次级商圈、边缘商圈。

（3）商圈内的人口数预估与消费者特征，例如年收入、支出、消费习惯等。

（4）道路及停车状况，以及店址附近主要道路的交通流量，包括人流、自行车流、汽车车流等。

（5）调查竞争情况、现有竞争者的商业形式、位置、数量、规模、营业额、营业方针、经营风格、经营商品、服务对象。

（6）相关的法规、税收、执照、营业限制等。

3. 店址调查评估

店址调查评估包括店址基本条件评估、周边情况评估、客流评估三个方面。

（1）店址基本条件评估

① 店面面积结构。包括店铺面积、形状、地基、高低、门面宽度、方位等。

② 可视性和易接近性。店面要容易被看到，容易被找到，方便进入。

③ 营业基础设施。包括水、电、通信等门店正常营业所需的基本设施条件，有的还需要考虑是否有停车场等附属设施条件。

④ 租金。租金往往是开店的一笔大的固定支出，要考虑是否在合理范围内。

⑤ 法律条件。在新建分店或改建旧店时要查明是否符合城市规划及建筑方面的法规，特别要了解各种限制性的规定。

（2）店址周边情况评估

① 周边环境评估。包括店址周边的交通状况、公共设施，甚至包括环境卫生等，是否适合加盟店的经营。比如在一个垃圾站旁边开一家餐厅，肯定不会有好的生意。

② 互补商家评估。所谓的互补商家，是指经营的商品服务不同但是顾客类型相同或相近的商家，换句话说，开店也需要一个好邻居。例如，时尚女装与美容化妆品就可以形成互补，它们的经营类别不一样，但是目标顾客相似，这样的店铺在一起，就容易共享客流。

③ 竞争商家评估。消费者进行购物消费，往往喜欢到店面集中的地方，这样就能够"货比三家"。因此，选择竞争店集中的地方开店，不愁没有客流。但是，需要注意的是，加盟店与这些竞争店相比，是否具有差异性或者竞争力。

（3）店址客流量调查评估

客流量的大小是影响加盟店成功的关键因素。一般来说，门店的客流分为自身客流、分享客流、派生客流三种类型。所谓自身客流，就是那些专门为购买某项商品或服务而来店的顾客所形成的客流；分享客流是指邻近的互补店所带来的客流；派生客流是指顺路进店的顾客所形成的客流。

（二）选址决策

经过前面三个步骤的调查评估后，最后需要对店址进行确认。店址确认常常是将几个备选店址的情况放在一起来进行综合比较和评估，最终还要根据调查评估数据对备选店址进行销售额和盈利状况预测，最后确定最佳的店址。

五、签订特许经营合同

在申请人完成加盟前的准备工作，特许人对申请人的加盟资格的复审完成后，双方即可正式签订特许经营合同，同时特许人授予加盟商相应的授权证书和标识。

需要特别说明的是，特许经营合同的签订，还必须履行相关法律的要求。按照我国《商业特许经营管理条例》的规定，在正式签订特许经营合同之日前至少30天，特许人须以书面形式向受许人进行信息披露，并提供特许经营合同文本。签订了加盟合同后，特许人与受许人在商业上的合作正式开始，后续行为按合同规定履行。

职业技能操练

工作项目

学生选择一家特许经营企业针对招募情况进行调研与分析，根据实际情况编制招募计划书。

项目背景

特许经营企业根据其经营业务特点、加盟模式、企业文化的不同对加盟商的要求也不尽相同。通过对特许经营企业的招募流程进行调研，发现企业招募过程中存在的问题并提出建议，根据实际情况编写招募计划书。

工作目标

★ 走访一家特许经营企业，了解其招募方案及流程。
★ 根据企业招募方案及流程调研企业现存问题。
★ 根据调研得出的问题进行分析评价，编写招募计划书。

工作计划

请将企业招募流程调研与分析计划填入表6-2-6。

表6-2-6　企业招募流程调研与分析计划表

工作要点	计划描述
调研企业招募流程	
根据调研数据分析存在的问题	
撰写招募计划书	

工作实施

步骤一：调研特许经营企业经营模式。

【基础任务】走访一家特许经营企业，通过与总部人员沟通，收集特许经营企业的招募流程。

招募信息发布与咨询：_____
_____
_____

加盟商资格初审与评估：_____
_____
_____

签订加盟合作意向书：_____
_____
_____

加盟资格复审：_____
_____
_____

签订特许经营合同：_____
_____
_____

步骤二：进行招募流程分析。

【进阶任务】对所选特许经营企业的推招募流程进行进一步分析，找到存在的问题，提出相应的建议。

招募计划书：_____
_____
_____

存在的问题：_____
_____
_____

改进建议：_____
_____
_____

工作情境6 特许经营推广招募规划

对加盟商的甄选与评估：

存在的问题：

改进建议：

步骤三：撰写特许经营企业招募计划书。
【进阶任务】根据企业招募的流程分析，撰写招募计划书。
特许经营项目介绍：

加盟特许经营系统的优势：

投资盈利分析：

加盟条件：

总结形成招募计划书：

工作项目评价

评价方式采用多元化评价，评价主体由学生、小组、教师与企业构成，评价标准、分值

及权重如表 6-2-7 所示。

(1) 学生对自我在工作活动中的职业核心能力进行自评,将自评结果填入职业核心能力自测表,见表 6-2-7。

表 6-2-7 职业核心能力自测表
(在□中打√,A 通过,B 基本通过,C 未通过)

职业核心能力	评 估 标 准	自测结果
自我学习	1. 能进行时间管理 2. 能选择适合自己的学习和工作方式 3. 能随时修订计划并进行意外处理 4. 能将已经学到的东西用于新的工作任务	□A □B □C □A □B □C □A □B □C □A □B □C
信息处理	1. 能根据不同需求去搜寻、获取并选择信息 2. 能筛选信息,并进行信息分类 3. 能使用多媒体等手段来展示信息	□A □B □C □A □B □C □A □B □C
数字应用	1. 能从不同信息源获取相关信息 2. 能依据所给的数据信息,做简单计算 3. 能用适当方法展示数据信息和计算结果	□A □B □C □A □B □C □A □B □C
与人交流	1. 能把握交流的主题、时机和方式 2. 能理解对方谈话的内容,准确表达自己的观点 3. 能获取信息并反馈信息	□A □B □C □A □B □C □A □B □C
与人合作	1. 能挖掘合作资源,明确自己在合作中能够起到的作用 2. 能同合作者进行有效沟通,理解个性差异及文化差异	□A □B □C □A □B □C
解决问题	1. 能说明何时出现问题并指出其主要特征 2. 能做出解决问题的计划并组织实施计划 3. 能对解决问题的方法适时做出总结和修改	□A □B □C □A □B □C □A □B □C
革新创新	1. 能发现事物的不足并提出新的需求 2. 能创新性地提出改进事物的意见和具体方法 3. 能从多种方案中选择最佳方案,并在现有条件下实施	□A □B □C □A □B □C □A □B □C
学生自我打分		

(2) 学生以小组为单位,对本工作项目的实施过程与结果进行自评,将自评结果填入小组自评表,见表 6-2-8。

表 6-2-8 小组自评表

评价内容	评价标准	分值	评分
团队建设	团队合作紧密、互帮互助	10	
	工作态度端正、作风严谨	15	
	遵守法律法规和工作准则	10	
工作情况	计划制订周密、组织有序	15	
	按计划、高效率完成工作	20	
	工作成果完整且质量达标	30	
合 计		100	

(3) 教师就专业操作能力对小组工作过程与结果进行评价,并将评价结果填入专业能力测评表,见表 6-2-9。

表 6-2-9 专业能力测评表
(在 □ 中打 √,A 掌握,B 基本掌握,C 未掌握)

业务能力	评价指标	测评结果	备注
调研企业招募流程	1. 调研企业招募流程 2. 调研信息的准确性	□A □B □C □A □B □C	
根据调研数据分析存在的问题	1. 准确分析企业的招募流程 2. 分析招募存在的问题 3. 提出合理的建议	□A □B □C □A □B □C □A □B □C	
撰写招募计划书	1. 了解招募计划书的基本内容 2. 合理撰写招募计划书	□A □B □C □A □B □C	
其他			

教师评语:

教师打分		教师签字	

(4) 企业对小组工作过程与结果进行评价,并将结果填入企业评价表,见表 6-2-10。

表 6-2-10 企业评价表

关键考核指标	分值	得分
调研企业招募流程	30	
根据调研数据分析存在的问题	30	
撰写招募计划书	40	
合 计	100	

(5) 根据上述结果填写综合评价表,见表 6-2-11。

表 6-2-11 综合评价表

自我评价(10%)	小组自评(10%)	教师评价(50%)	企业评价(30%)	综合评价

职业素养指南

特色奶茶治愈你我

随着温度的降低,很多消费者在逛街的时候都喜欢买一杯热乎乎的奶茶用来暖手。那么,在开特色奶茶店的时候,需要了解哪些入行知识呢?

了解专业名词。奶茶行业有很多的专业名词,如奶茶加盟、连锁加盟、加盟商、加盟费、奶茶店加盟等，这些专业名词的定义需要了解清楚，在了解这些词语定义的基础上再加深了解，例如，奶茶加盟费主要包括哪些，加盟费一般要多少，影响因素有哪些，等等。

该行业的发展简史。想要投资开好奶茶店，除了要知道专有名词的定义，还需要了解该行业的发展简史，市场上奶茶主要分类，开店模式，现如今发展状况，未来发展趋势，等等。

了解周围的环境。想要开一家奶茶店，还需要对自己有一个充分的了解，如果不是踏踏实实干事的人，就不适合开店；自己的资金状况、背后资源等也要十分充足。除了了解自己，还需要了解目标店面周围的环境，是否适合开店，开什么样的店铺，开多大的店，等等。

素养讨论：作为奶茶爱好者的你，在进军奶茶领域前，需要具备什么样的素养呢？

思政教育园地

特许经营中的"糖衣炮弹"

日前，在电视广告、网络宣传、报纸杂志中，特许行业的广告铺天盖地地出现在日常生活中。"投资5万元，回报50万元""一万五加盟、两个月回本、送全套设备""投资只需三万元，加盟、培训、设备全包括""投资少、盈利多、见效快"；"20天万事无忧成老板"。有些特许者甚至向加盟商信誓旦旦：只要加盟，利润就会达到30%～50%。如此具有煽动性的语言将特许行业形容得如同神话一般。做特许行业赚钱的感觉也是油然而生。加盟者长久没实现的创业激情也被迅速点燃。然而钱真的是这么容易就能赚得到的吗？同正常经营一样，一个加盟项目也有一个投资回收过程，才有盈利的可能。对于那些盟主声称的收益率远远高于行业平均水平的，就值得怀疑。同时，利润可观就意味着风险扩大，没有天上掉馅饼的事情。

思政评析：虚假宣传，进行不正当竞争终究要自食恶果，特许经营企业要本着诚信经营的原则加盟招募，才能经久不衰，健康发展。

工作情境7

特许经营法律法规认知

➡ 情境目标

【知识目标】

（1）掌握特许经营商标、商号的设计、使用与保护；
（2）掌握特许经营知识产权其他要素的使用与保护；
（3）掌握特许经营合同的类型及特点；
（4）掌握特许经营合同的主要内容的制定。

【技能目标】

（1）能够识别无效的商标标识；
（2）能够完成特许经营加盟合同主要内容的制定。

【思政目标】

通过学习特许经营法律法规认知，培养学生增强法律意识和责任意识，不为一己私利泄露他人秘密，损害他人利益，具有诚信经营、正当竞争的职业素养。

➡ 情境导入

吴先生创立的"久久便利"特许经营品牌，经过专业推广人员的努力，声名大振，各门店生意火爆，前来咨询加盟的投资者数不胜数，近日，吴先生发现其门店附近新开了一家便利店，其商标与"久久便利"极其相似，具有极大的误导性，为此，吴先生犯了难，不知道该如何处理。请你根据本情境所学内容，帮助吴先生解决困惑。

➡ 工作活动

工作活动1　特许经营知识产权保护认知
工作活动2　特许经营合同主要内容的制定

工作活动 1　特许经营知识产权保护认知

工作活动目标

（1）掌握特许经营商标、商号的设计、使用与保护；
（2）掌握特许经营知识产权其他要素的使用与保护。

职业工作情境

知识产权是一种无形资产，是指产权主体对智力劳动成果享有的所有权、使用权、处置权和收益权。知识产权的要素包括商标、商号、专利、商业秘密，以及其他特许权要素的使用与保护的内容，商标权是特许经营涉及的知识产权的主要组成部分，是特许经营体系重要的规划内容。

职业知识储备

知识点 1　商标、商号的设计

一、商标的定义、分类与作用

1. 商标的定义

商标是指生产经营者在其商品或者服务项目上使用的，由文字、图形组合构成的，具有显著特征的、便于识别商品或服务来源的专用标记。商标具有以下几个特征。

（1）商标是商品和服务上使用的标记。
（2）商标是用来区别商品或者服务来源的标志。
（3）商标是以文字、图形、字母、数字、三维标志和颜色组合构成的，具有显著性。

微课 7-1：遵循遵纪守法的职业素养，学习特许经营法律概述认知

注册商标是指由国家商标局核准注册的商标。我国实行商标注册原则，经过商标注册申请并得到国家商标局批准后，商标权人即享有注册商标的专有权，有权排斥其他人在同类商品上使用相同或者类似的商标。

微课 7-2：遵守公平竞争的职业素养，了解特许经营知识产权使用

2. 商标的分类

按照商标的组成或使用方式，商标有多种分类方法（见表 7-1-1）。按商标的组成来分，商标可以分为文字商标、图形商标、组合商标；按商标的用途来分，商标可以分为商品商标、服务商标、集体商标；按商标的使用动机来分，商标可以分为联合商标、防御商标、证明商标等类别。

表 7-1-1 商标的分类

分类方式	商标类别	定义	举例
按商标的组成分类	文字商标	由相对规范的数字、字母和文字组成,具有显著性的特征	3721、DELL、抖音
	图形商标	由平面或立体图构成的商标	
	组合商标	由数字、字母、文字、图形及颜色组合形成	Skin79、win11
按商标的用途分类	商品商标	商品生产者或经营者为将自己生产或经营的商品与他人生产或经营的商品区别开来而使用的标志	可口可乐、康师傅
	服务商标	提供服务的经营者为将自己提供的服务与他人提供的服务区别开来而使用的标志	肯德基、麦当劳
	集体商标	社团、协会或其他合作组织,用以表示组织或其成员身份的标志	中国新华书店协会的"新华书店"商标
按商标使用人对商标的使用动机分类	联合商标	同一商标所有人在自己相同商品上注册了几个近似的商标。可预先明确商标类似范围,便于判断近似与否	全德聚、聚全德、聚德全、德全聚、德聚全
	防御商标	同一商标所有人在非同种和非类似的商品上注册了同一个商标,目的是获得跨行业保护	
	证明商标	对商品或服务的来源、原料、制作方法、质量、精密度或其他特点具有保证意义的标志。一般由商会或其他团体申请注册,申请人对商标的指定商品或服务具有检验能力,并负保证责任,又称保证商标	绿色食品标志 纯羊毛标志

3. 商标的作用

从商标的定义可知,商标有区别商品或服务来源的作用,可以促进生产者或经营者提高产品或服务的质量。对企业来说,商标的使用有利于市场竞争和广告宣传,并且商标是商誉的基础和载体,是企业的无形财产。

4. 商标设计的原则

商标的开发不仅是一项涉及法律的工作,也是一项复杂的、系统性的、创造性的工作。因此,许多组织都将商标的开发交由专业公司来完成,更有一些实力较强的组织不惜金钱向社会广泛征集开发方案。无论是向社会征集、委托别人开发还是企业自己开发都要考虑以下几点。

(1) 合法性。我国商标法和世界各国的商标法,都对商标有禁用规定,如果只在我国使用和注册,就要符合我国商标法的规定,如果要在国外使用和注册商标,还要符合外国商标法的规定。

(2) 符合民俗、民风和民族习惯。商标绝不能采用消费者忌讳的文字、图形。例如我国许多地方忌讳猫头鹰,如果把猫头鹰商标用在商品上,那么在这些忌讳的地区,产品肯定销售不出去。另外,各个国家的风俗习惯也不一样,符合我国民情的商标,可能到其他国家和地区就不一定了。

(3) 商标要和使用的商品或服务的特点相符合。每一种商品,都有自己的特点和用途,所以,选择商标时就要考虑这些特点和用途,以免产生不良的效果。比如,一个商标用在杀虫剂上很贴切,就不能把它用在食品上。"敌杀死"是一个很好的用于杀虫剂的暗示性商标,绝对不能用在饮料上。

(4) 独创性。独创性是指商标开发要创意新颖、独具匠心,独创才能造就吸引人的商标。一些国外著名品牌的商标开发像柯达、苹果、索尼、奔驰等无一不是独创的商标。

5. 商标设计的注意事项

商标法规定,以下标志不得作为商标使用。

(1) 同中华人民共和国的国家名称、国旗、国徽、军旗、勋章相同或者相似的,以及同中央国家机关所在地特定地点的名称或者标志性建筑物的名称、图形相同的。

(2) 同外国的国家名称、国旗、国徽、军旗相同或者近似的,但经该国政府同意的除外。

(3) 同政府间国际组织的名称、旗帜、徽记相同或者近似的,但经该组织同意或者不易误导公众的除外。

(4) 与表明实施控制、予以保证的官方标志、检验印记相同或者近似的,但经授权的除外。

(5) 同"红十字""红新月"等的名称、标志相同或者近似的。

(6) 带有民族歧视性的。

(7) 带有欺骗性,容易使公众对商品的质量等特点或者产地产生误认的。

(8) 有害于社会主义素养风尚或者有其他不良影响的。

(9) 县级以上行政区划的地名或者公众知晓的外国地名,不得作为商标。但是,地名具有其他含义或者作为集体商标、证明商标组成部分的除外;已经注册的使用地名的商标继续有效。

(10) 仅有本商品的通用名称、图形、型号的。

(11) 仅仅直接表示商品的质量、主要原料、功能、用途、重量、数量及其他特点的。

(12) 缺乏显著特征的。

(13) 以三维标志申请注册商标的,仅由商品自身的性质产生的形状、为获得技术效果而需有的商品形状或者具有实质性价值的形状。

(14) 就相同或者类似商品申请注册的商标是复制、模仿或者翻译他人未在中国注册的驰名商标,容易导致混淆的,不予以注册并禁止使用。

(15) 就不相同或者不相类似的商品申请注册的商标是复制、模仿或者翻译他人已经在中国注册的驰名商标,误导公众,致使该驰名商标注册人的利益可能受到损害的,不予以注册并禁止使用。

二、商号的设计

(一) 商号的定义

商号也称企业字号,是指企业为进行经营活动在注册登记时用以表明自己企业的名称。《企业名称登记管理实施办法》规定,企业名称应当由行政区划、字号、行业、组织形式依次组成。企业名称中除字号外都是通用词汇,不具有独特性,只有字号是独特的,在一定区域范围内字号是不能相同的。在特定条件下,如一些历史悠久的老字号企业、全国性公司、外商投资企业的字号在全国范围内享有专用权。

(二)商标、商号的区别

商号与商标的关系极为密切,经常一起出现在同一商品上,某些情况下商号可以成为商标的一个组成部分或同一内容,但有时又不是。商号和商标在作用和性质上是有区别的,主要表现为以下几点。

(1)商标主要是用来区别商品或服务的,代表着商品或服务的信誉,必须与其所依附的某些特定商品或服务相联系而存在。

(2)商号主要是用来区别法人组织的,代表着法人组织的信誉,必须与商品的生产者或经营者相联系而存在,商号权属名称权,所以商号权与人身或身份联系更紧密。

(3)商标按照《商标法》的规定进行注册和使用,具有专用权,其专用权在全国范围内有效,并有法定的时效性(我国为10年);商号按照《公司法》或《企业登记管理条例》登记注册,同样具有专用权,其专用权在所登记的工商行政管理机关管辖的地域范围内有效,并与企业同生同灭。

(4)在我国,商标权有专门的商标法保护;而商号权仅比照民法通则关于企业名称权的保护方法保护。

(5)带有某企业商号标记的含注册商标的商品销售到另一国家时,经营该项产品的组织或个人有必要就其商标在另一国家注册,但无须就其商号再行注册。

(6)当有些企业将自己的商号注册成商标使用,或者将已注册的商标变更登记为企业的商号,商标和商号就成为同一内容或是其中的一个组成部分。这都是《商标法》《公司法》及《公司登记管理条例》所允许的。但是在更多的情况下,由于很多商号名称不具有显著特征,所以不宜也不能注册成商标。

(7)应该注意的是由于商标和商号可以互为注册或登记的特点,一些用心不纯者利用这个特点,将与他人的知名商标相同或近似的文字等登记为企业的商号使用,或者将与他人知名企业商号相同或近似的文字等注册为商标使用。企图混淆商品和企业的出处,使人们误认为是同一来源或有相关联系,借用别人的信誉和影响赚取利润。这就是近时期来国内经常出现的所谓"伴名牌"现象。

知识点2 特许经营中商标、商号的使用

一、商标的使用形式

特许经营中的商标使用形式,可以根据商标使用许可是否具有排他性的特点,分为独占使用许可和一般使用许可两种。

(一)独占使用许可

独占使用许可是指特许人许可一个受许人在规定的地区和约定的商品或服务上独家

使用其商标。在规定的范围内,特许人不得再许可第三人使用其商标,而且特许人自己使用也要受到限制。独占使用许可具有极强的排他性,享有独占使用权的受许人可以在规定的范围内禁止他人使用与该商标相同或近似的商标。如果他人实施了侵权行为,受许人除了禁止其使用,还可以要求赔偿损失。

(二)一般使用许可

一般使用许可指特许人允许不同的受许人同时使用同一商标。享有一般使用权的受许人,不享有其他受许人使用该商标的禁止权。如果非受许人对该商标实施了侵权行为,应由特许人向商标管理机构申请查处或直接向司法机关进行控告。

二、商号的使用形式

目前,我国尚无关于商号许可使用的法律规定。在实际操作中,如果特许人的商号与注册商标的文字内容相一致,从保护商标专用权的角度考虑,特许人不应该允许受许人注册特许人的商号,而且应该在特许经营合同中约定,如果受许人私自注册了特许人的商号,可认定为严重违约,并可以立即终止特许经营合同。

如果特许人的商号和注册商标不一致,从特许经营体系的推广来说,特许人可以考虑允许受许人将特许人的商号在当地进行注册,但由于同一县级行政区划内不能有相同字号的企业注册,因此不可能所有的受许人都可以注册特许人的商号。此外,特许经营合同终止后,特许人无法要求受许人变更商号,因为受许人的商号是经工商行政主管部门核准的,是合法有效的。如果特许人想在该行政区划内成立直营的连锁企业,就无法再使用本企业的商号,为企业的发展留下了障碍。因此,是否允许受许人注册特许人的商号,需考虑是否对特许人商誉、加盟商关系管理、直营连锁的发展等方面是否有不利之处。

知识点3 特许经营中商标、商号的保护

一、商标的保护

(一)商标注册及有效性

未经注册的商标被人假冒或者抢注,对特许经营体系的损害将十分严重。因此特许经营中的商标,应该是注册商标。同时特许人有义务保持注册商标的有效性,按期进行续展。

(二)常见商标侵权行为及其处理

在特许经营方面,商标侵权行为主要表现在以下几种情况:

(1)未经商标持有人的许可,在同一种商品或类似商品上使用与其注册商标相同或者相似的商标的行为;

(2)销售侵犯注册商标专用权的商品的;

(3)伪造、擅自制造他人注册商标标识或者销售伪造、擅自制造的注册商标标识;

(4)未经商标注册人同意,更换其注册商标标识并将该更换商标的商品又投入市场的;

(5)被特许者未经特许者许可,超出许可范围使用商标的;

(6)特许经营合同期满或提前终止,被特许者仍继续使用特许人的注册商标的行为。

针对上述情况,特许人可以向工商行政管理部门投诉,请求工商部门进行处理。认定为侵权的,责令侵权人立即停止侵权行为,没收、销毁侵权产品和专门用于制造侵权产品和伪造注册商标的工具,并可以处以罚款。特许人也可以直接向法院提起诉讼,同时申请法院责令其立即停止侵权,查封侵权产品等措施,并赔偿损失。

二、商号的保护

根据我国法律规定,企业只能在其所在注册的行政区划内享有独占权,不能在全国范围内限制其他企业使用企业字号。因此,特许经营企业要保护自己的商号,主要有两种方式。一种方式是将企业字号注册为商标,以通过《商标法》的相关规定来达到保护商号的目的。另一种方式是在特许授权过程中,特许人可以采用在特许经营合同中约定的方式来限制受许人的行为以达到商号保护的目的。

知识点 4　其他知识产权的使用和保护

一、专利的使用和保护

(一)专利特点的认知

特许经营是特许人利用自己的商标、商号、专利、专有技术及经营诀窍等无形资产与加盟者的资本相结合,从而实现扩张经营规模的一种商业发展模式。专利是特许经营体系保持经营特色、维持加盟店竞争优势的重要手段,在特许经营中有着独特的地位和重要的作用,应该引起大家的重视。

专利,是专利权的简称,是指国家根据发明人或设计人的申请,以向社会公开发明创造的内容,以及发明创造对社会具有符合法律规定的利益为前提,根据法定程序在一定期限内授予发明人或设计人的一种排他性权利。专利权是一种无形财产的产权,属知识产权范畴。

从世界各国对生产产品的技术所采取保护的内容来看,专利的种类包括发明、实用新型和外观开发三种,这与国家专利法的分类方法是一致的。不同种类的专利审批条件及保护期限是有区别的。

与有形财产的产权相比较,专利权具有以下特点。

1. 专有性

专有性是指专利权人对其发明创造所享有的独占性的制造使用、销售和进口的权利,在特许经营中,特许人通常拥有一个或多个专利,通过专利许可使用合同授予加盟者专利使用权,使整个特许体系在同行业内具有独到的经营特色和竞争优势。

2. 地域性

地域性是指一个国家在依照其本国专利法授予的专利权,仅在该国法律管辖范围内有效,对其他国家没有任何约束力,外国对其专利权不承担保护义务。对于拥有一国专利权的特许人,如果拟在其他国家或地区开展特许经营业务,就应该在相应的国家或地区提出专利申请,否则在该国或地区该"专利"就得不到保护。另外,从加盟者的角度看,在准备加盟某一特许体系前,一定要注意审查特许人拥有的专利权受保护的地域。否则,可能做出错误的决策。

3. 时间性

时间性是指专利权人对其发明创造所拥有的法律赋予的专有权只在法律规定的时间内有效,期限届满后,原受法律保护的发明创造就成为社会的公共财富,任何单位或个人都可以无偿使用。对专利权的期限各国专利法的规定不尽一致,对发明专利保护期自申请日起计算一般在10至20年不等,中国规定是20年;对实用新型和外观开发的期限,大部分国家规定5至10年,中国规定是10年,在特许经营中,特许人应该注意专利权的期限,以调整整个特许体系发展战略,充分发挥专利在特许经营中的作用。对加盟者来说,更应特别注意特许人所拥有专利权的法律状况,以免为即将过期的专利或已过期的专利支付不必要的费用。

(二)专利的使用和保护

在专利许可贸易中,提供专利技术的一方称为许可方或出让方,接受专利技术并使用的一方称为被许可方或受让方,按许可方所授予的使用权大小,专利使用许可分为独占实施许可与排他实施许可和普通实施许可。

在特许经营中,特许人是许可方,加盟者为被许可方。许可的方式为普通实施许可,即加盟者可在一定时期和特定地域内使用专利,但无权禁止特许人自己使用或将该专利许可其他加盟者使用。

在特许经营中,通常特许经营合同包括相关专利的条款。但最好对专利相关事宜建议另订一份专利许可使用合同。一般来讲,专利许可使用合同包括以下内容:

(1)定义。主要说明专利相关事项、界定合同有关专有名词的含义。

(2)许可使用费。在特许经营中,由于加盟费及特许权使用费包括了这项费用,通常不需要单独约定,但界定许可使用费对确定加盟费及特许权使用费标准是有意义的。

(3)许可使用的范围、地域。

(4)技术资料的交付及后续技术支持。

(5)对侵权问题的约定。

(6)争议解决及其他条款。

二、商业秘密的使用和保护

(一)商业秘密特点的认知

商业秘密是特许经营模式中特许权组合的有机要素之一,在特许经营的实施中,商业秘密是特许企业不可缺少的特许权转让重要内容,因此,商业秘密的保护在特许经营中具有重要的意义。

广义地说,构成一个企业竞争优势的任何机密的商业信息都可以被认为是商业秘密。除持有人以外的任何人未经许可使用这些信息都将被认为是一种不公平的行为,侵犯了商业秘密。

中国反不正当竞争法规定：商业秘密是指不为公众所知悉、能为权利人带来经济利益、具有实用性并经权利人采取保密措施的技术信息和经营信息。商业秘密具有三个特性，即秘密性、价值性、保密性。

《关于禁止侵犯商业秘密行为的若干规定》的内容规定有以下几点。

（1）不为公众所知悉，是指该信息是不能从公开渠道直接获取的，即秘密性。

（2）能为权利人带来经济利益、具有实用性，是指该信息具有确定的可应用性，能为权利人带来现实的或者潜在的经济利益或者竞争优势，即价值性。

（3）权利人采取保密措施，包括订立保密协议，建立保密制度及采取其他合理的保密措施，即保密性。

《关于禁止侵犯商业秘密行为的若干规定》中列举了商业秘密包含的项目：开发、程序、产品配方、制作工艺、制作方法、管理决策、客户名单、货源情报、产销策略、招投标中的标底及标书内容等方面。

（二）商业秘密的使用和保护

对于特许人而言，要确保自己的商业秘密得到合法的保护，应采取严密的保密措施，比如在特许经营合同中明确规定商业秘密的范围、签订严谨的商业秘密保护条款和协议。对于受许人而言，应当对列入商业秘密保护条款的内容进行审查。若特许人故意扩大商业秘密的保护范围，会使受许人的权益受到影响。

■ 职业技能操练

工作项目

学生选择当地一家特许经营企业进行商标、商号及其他要素的调研，分析其设计及使用保护的相关内容。

项目背景

商标可以体现企业文化及服务理念，是商誉的基础和载体，是企业的无形财产。通过对当地一家特许经营企业商标商号及其他要素进行调研，明确其含义及设计理念，分析其使用形式及保护措施。

工作目标

★ 走访当地一家开展特许经营的连锁企业，进行商标、商号调研。

★ 分析企业商标商号的使用形式及保护措施。

★ 了解企业的其他知识产权要素，分析其使用形式及保护措施。

微课 7-3：遵照诚信经营的职业要求，了解特许经营信息披露知识

工作计划

请将企业商标、商号调研与分析计划填入表 7-1-2。

表 7-1-2　企业商标、商号调研与分析计划表

工作要点	计划描述
收集商标、商号调研信息	

特许经营应用

续表

工作要点	计划描述
针对调研结果进行分析	
其他要素的调研及分析	

工作实施

步骤一：调研特许经营企业商标、商号。

【基础任务】走访当地一家特许经营企业，明确其商标及商号的类型。

画出调研企业商标：

调研企业商号：

步骤二：分析商标、商号的含义及设计理念。

【进阶任务】对所选特许经营企业的商标、商号进行进一步调研，分析其含义及设计理念。

含 义：

设计理念：

步骤三：对推广渠道及策略进行分析评价。

【进阶任务】了解该企业商标、商号的使用形式及保护措施有哪些。

使用形式：

保护措施：_____

_____

步骤四：调研企业其他知识产权要素的使用及保护。
【进阶任务】调查了解企业其他知识产权要素，分析其类型及保护措施。
其他要素：_____

_____

_____

保护措施：_____

_____

_____

工作项目评价

评价方式采用多元化评价，评价主体由学生、小组、教师与企业构成，评价标准、分值及权重如表 7-1-3 所示。

（1）学生对自我在工作活动中的职业核心能力进行自评，将自评结果填入职业核心能力自测表，见表 7-1-3。

表 7-1-3　职业核心能力自测表
（在□中打√，A 通过，B 基本通过，C 未通过）

职业核心能力	评 估 标 准	自测结果
自我学习	1. 能进行时间管理 2. 能选择适合自己的学习和工作方式 3. 能随时修订计划并进行意外处理 4. 能将已经学到的东西用于新的工作任务	□A　□B　□C □A　□B　□C □A　□B　□C □A　□B　□C
信息处理	1. 能根据不同需求去搜寻、获取并选择信息 2. 能筛选信息，并进行信息分类 3. 能使用多媒体等手段来展示信息	□A　□B　□C □A　□B　□C □A　□B　□C
数字应用	1. 能从不同信息源获取相关信息 2. 能依据所给的数据信息，做简单计算 3. 能用适当方法展示数据信息和计算结果	□A　□B　□C □A　□B　□C □A　□B　□C
与人交流	1. 能把握交流的主题、时机和方式 2. 能理解对方谈话的内容，准确表达自己的观点 3. 能获取信息并反馈信息	□A　□B　□C □A　□B　□C □A　□B　□C
与人合作	1. 能挖掘合作资源，明确自己在合作中能够起到的作用 2. 能同合作者进行有效沟通，理解个性差异及文化差异	□A　□B　□C □A　□B　□C

续表

职业核心能力	评 估 标 准	自测结果
解决问题	1. 能说明何时出现问题并指出其主要特征 2. 能做出解决问题的计划并组织实施计划 3. 能对解决问题的方法适时做出总结和修改	□A □B □C □A □B □C □A □B □C
革新创新	1. 能发现事物的不足并提出新的需求 2. 能创新性地提出改进事物的意见和具体方法 3. 能从多种方案中选择最佳方案,并在现有条件下实施	□A □B □C □A □B □C □A □B □C
学生自我打分		

(2) 学生以小组为单位,对本工作项目的实施过程与结果进行自评,将自评结果填入小组自评表,见表7-1-4。

表 7-1-4 小组自评表

评价内容	评 价 标 准	分值	评分
团队建设	团队合作紧密、互帮互助	10	
	工作态度端正、作风严谨	15	
	遵守法律法规和工作准则	10	
工作情况	计划制订周密、组织有序	15	
	按计划、高效率完成工作	20	
	工作成果完整且质量达标	30	
	合　　计	100	

(3) 教师就专业操作能力对小组工作过程与结果进行评价,并将评价结果填入专业能力测评表,见表7-1-5。

表 7-1-5 专业能力测评表

(在□中打√,A 掌握,B 基本掌握,C 未掌握)

业务能力	评价指标	测评结果	备注
收集商标、商号调研信息	1. 调研企业商标、商号 2. 调研的信息准确性	□A □B □C □A □B □C	
针对调研结果进行分析	1. 分析企业商标、商号的含义 2. 分析企业商标、商号的保护措施	□A □B □C □A □B □C	
其他要素的调研及分析	1. 了解有无其他知识产权要素 2. 其他要素的含义及保护措施有哪些	□A □B □C □A □B □C	
其他			

教师评语:

教师打分		教师签字	

(4) 企业对小组工作过程与结果进行评价,并将结果填入企业评价表,见表 7-1-6。

表 7-1-6　企业评价表

关键考核指标	分值	得分
收集商标、商号调研信息	30	
针对调研结果进行分析	30	
其他要素的调研及分析	40	
合　　计	100	

(5) 根据上述结果填写综合评价表,见表 7-1-7。

表 7-1-7　综合评价表

自我评价(10%)	小组自评(10%)	教师评价(50%)	企业评价(30%)	综合评价

工作活动 2　特许经营合同主要内容的制定

工作活动目标

(1) 掌握特许经营合同的类型及特点;
(2) 掌握特许经营合同的主要内容的制定。

职业工作情境

"久久便利"企业经过推广招募后,确定了加盟商,现需依据《合同法》编制特许经营格式条款合同,合同的主要内容要符合国务院《商业特许经营管理条例》的规定,并体现出自身的内容和特点。

职业知识储备

知识点 1　特许经营合同的特征与分类

狭义的特许经营合同专指特许经营主合同。广义的特许经营合同指特许人和受许人之间签订用于规定双方权利义务、确定双方特许经营关系的所有法律契约,包括特许经营主合同和特许经营辅助合同。特许经营合同是特许经营体系赖以生存和发展的基础和关键,它关系到特许经营双方的切身利益,同时它也是解决特许经营纠纷的根本依据。

一、特许经营合同的特征

(一) 特许经营合同是诺成、要式、双务、有偿合同

特许经营合同的诺成性表现为特许人与受许人双方意思表示一致即可成立。其要式

性体现在特许经营合同通常要求采取书面形式,而且需要统一格式。其双务性体现在合同双方当事人均负有一定义务,双方的权利与义务具有对应性。其有偿性体现为特许经营合同双方互为支付对价,即特许人提供有关知识产权、商业秘密、实用技术等的使用权,而受许人则应向特许人支付一定的费用。

微课 7-4：遵守契约精神的职业素养,了解特许经营合同的基本内容

(二) 特许经营合同具有格式合同性质

格式合同,又称标准合同、定型化合同,是指当事人一方预先拟定合同条款,对方只能表示全部同意或者不同意的合同。对于格式合同的非拟定条款的一方当事人而言,要订立格式合同,就必须全部接受合同条件,否则就不订立合同。现实生活中的车票、船票、飞机票、保险单、提单、仓单、出版合同等都是格式合同。

格式合同具有节约交易的时间、事先分配风险、降低经营成本等优点,但同时也存在诸多弊端。由于格式合同限制了合同自由原则,格式合同的拟定方可以利用其优越的经济地位,制定有利于自己,而不利于消费者的合同条款。例如,拟定方为自己规定免责条款或者限制责任的条款等。

在特许经营实践中,由于特许经营合同的复杂性和统一管理的需要,通常都采用格式合同方式订立。特许人凭借所处的优势地位,事先拟定合同条款。由于特许加盟申请人对特许人的知识产权具有一定的依赖性,为了获得所需的特许经营资格,几乎很难通过与特许人的谈判而改变合同的主要条款,只能够完全或者基本上接受所有条款。

二、特许经营合同的分类

对应不同的特许经营授权加盟模式,特许经营合同可以将其分为单体特许经营合同、区域特许经营合同、特许经营代理权合同等类型。

(一) 单体特许经营合同

单体特许经营合同是典型意义上的特许经营合同,适用于单店特许授权模式即特许人直接发展单店加盟商的情况。它包含了特许经营合同的基本要素,合同的当事人是特许人和受许人(特许权的直接使用者),法律关系相对简单。

(二) 区域特许经营合同

根据区域特许加盟模式,区域特许经营合同还可以分为区域开发特许经营合同、二级特许经营合同、复合模式特许经营合同、混合模式特许经营合同等类型。其特点是特许人授予受许人的不是一个开办单店的权利,而是在一定的区域范围内受许人自己开设或再授予第三者开办多家单店的权利。相对于单体特许经营合同,区域特许经营合同特别是涉及二级特许、复合模式特许、混合模式特许,合同内容比较复杂。

(三) 特许经营代理权合同

特许经营代理权合同的特点是:合同主体一方是特许权的所有者,另一方是经授权在特定区域销售特许权的代理商,代理商以特许权所有者的名义发展加盟商,并收取代理费或服务费。

知识点 2 特许经营合同主要内容的确定

《商业特许经营管理条例》(以下简称《条例》)第十条规定,从事特许经营活动,特许人和受许人应当采用书面形式订立特许经营合同。

特许经营合同应当包括下列主要内容。
(1) 特许人、受许人的基本情况。
(2) 特许经营的内容、期限。
(3) 特许经营费用的种类、金额及其支付方式。
(4) 经营指导、技术支持以及业务培训等服务的具体内容和提供方式。
(5) 产品或者服务的质量、标准要求和保证措施。
(6) 产品或者服务的促销与广告宣传。
(7) 特许经营中的消费者权益保护和赔偿责任的承担。
(8) 特许经营合同的变更、解除和终止。
(9) 违约责任。
(10) 争议的解决方式。
(11) 特许人与受许人约定的其他事项。

《条例》对合同内容的规定是特许经营合同内容的最基本的要求,在实际情况中一份特许经营合同的内容远甚于此。

知识点 3 特许经营合同主要内容的制定

一、当事人的基本情况

当事人的基本情况非常重要,事关以后合同的执行和争议的解决,具体包括当事人的名称、住所、联系方式、法定代表人、商业登记信息、经营范围等。例如,在合同存续期间,受许人向特许人支付相应的费用,应向合同约定的特许人所在地址或账号支付。合同产生争议时,当事人在合同上载明的地址则可能成为选择诉讼法院的依据。

微课 7-5:遵循奉公守法的职业要求,了解特许经营相关法律问题

二、合同所涉概念的界定

特许经营合同是商业技术性非常强的合同,又因为特许经营体系都有其个性,如同样是餐饮业的加盟店,全聚德和肯德基对加盟店的定义肯定不一样,对商业秘密、知识产权的概括也不同。不同特许经营合同即便对同样称谓的术语也可能存在不同理解,故应事先对一些可能存在不同理解和争议的合同内概念术语加以约定。一般合同所涉概念包括特许经营体系、加盟店、特许标识、商标、专利、特许产品、经营手册、直接特许、区域特许、复合区域特许、特许区域、营业地、建筑物等。

相关定义如下。

(1)"特许经营体系",是指特许人的特许经营体系,其特征包括(但不限于)商标(包括服务商标)、商号、专利和专有技术、产品经营模式等。

(2)"加盟店",是指受许人在认同并同意遵守特许经营体系的基础上,获得特许人授权而设立的从事特许经营活动的经营实体,包括(但不限于)个体工商户、个人独资企业、合伙企业及公司等。加盟店作为独立的法律主体进行活动,独立核算、自担风险、自负盈亏。

(3)"特许标识",是指与特许经营体系相关的识别符号,包括(但不限于)商标、商号、招牌(店铺标志)、特有的外部与内部设计(装修、装饰、颜色配置、布局、家具等)、制服、广告等。

(4)"商标",是指经中华人民共和国工商行政管理总局商标局登记注册的商标。

(5)"专利",是指经中华人民共和国知识产权局登记的发明、实用新型,或外观设计专利。

(6)"特许产品",是指带有特许标识的所有商品及服务,包括(但不限于)原料、配料、成品及服务品种、方式等。

(7)"经营手册",是指由特许人制定的指导受许人开业和经营加盟店的各类书面操作资料,一般包括《加盟店招募手册》《店务操作手册》《产品制作手册》《营业手册》《员工培训手册》等。

(8)"直接特许",即特许人将特许经营权直接授予受许人,受许人按照本合同的约定设立直营加盟店,开展经营活动,未经特许人事先书面同意,不得转授特许经营权。

(9)"区域特许",即特许人将指定区域内的独家特许经营权授予受许人,受许人按照合同约定设立直营加盟店,开展经营活动,未经特许人事先书面同意,不得转授特许经营权。

(10)"复合区域特许",即特许人将指定区域内的独家特许经营权授予受许人,受许人既可按照本合同的约定设立直营加盟店,开展经营活动,也可将特许经营权再授予其他申请人。

(11)"特许区域",是指特许人授予受许人特许经营权的区域。

(12)"营业地",是指受许人依照合同条款约定,获准开设加盟店的住所。

(13)"建筑物",是指营业地所在的建筑物。

三、特许经营授权

(一)特许经营权性质

特许经营权从性质划分包括直接特许、区域特许和复合区域特许。受许人获准行使的特许经营权在特许区域内应进一步明确是否具有独占性。

(二)特许经营授权的地域范围

特许合同应明确约定加盟店的详细地址,并就将来是否变更地址,如何变更做出规定。在某些情况下,受许人可要求在合同中列明特许人不得在加盟店一定范围之内再给予他人特许经营授权。

(三)特许经营授权内容

通常,特许经营合同许可的内容大致包括:许可使用的商标、商号、专利、专有技术和经营诀窍等。合同应明确规定它们的名称、登记号及其他登记注册情况,如有效期、许可使用的内容、方式和地区等事项。签订合同时,被特许者应该审核有关权属证书的原件。

(四)特许经营授权期限

特许权许可使用的范围应明确规定使用的时间、地点、方式、使用权限等。

《商业特许经营管理条例》规定:特许人和受许人应当在特许经营合同中约定,受许人在特许经营合同订立后一定期限内,可以单方解除合同。特许经营合同约定的特许经营期限应当不少于3年。但是受许人同意的除外。特许人和受许人续签特许经营合同的,不适用前述3年期限的规定。一般特许经营合同还会约定合同期满后续约的问题。

四、特许经营费用

(一)加盟费

加盟费是指受许人与特许人在特许合同中约定的,为获得一定区域内的特许经营资格而由受许人一次性向特许人支付的费用。加盟费本质上购买的是在一定区域内经营特许人已经创建的特许经营体系部分经营事业的资格。受许人在支付了加盟费后,得以在约定的范围之内从事特许事业的经营。所以加盟费是在合同成立后其他权利义务履行之前一次性付清的,在之后的特许合同履行期间不再支付的费用。

(二)特许权使用费

特许权使用费是指受许人根据特许合同的约定,定期向特许人支付的用于购买特许人的商标、商号、专利、专有技术、经营诀窍、培训服务等特许经营所含要素项目的费用。特许权使用费本质是受许人使用特许人所持的特许经营权所支付的费用。

(三)保证金

保证金的目的在于维护特许经营合同的履行安全,一般是由受许人向特许人支付,约定当一方当事人违约时,用保证金支付来维护另一方当事人的利益。原则上特许经营合同双方都可向对方交付保证金,但现实中,一般只有受许人才向特许人支付保证金,这是因为合同当事人的经济地位不一致和对方需求的程度不同所造成的。

特许经营合同中,一般都会约定当受许人有不履行合同约定的支付义务等违约行为时,特许人可从保证金中直接扣款。

合同终止后,特许人收取的保证金可用以抵充合同约定由受许人承担的费用或违约金,剩余部分无息归还受许人。如无任何费用发生,则应全额无息返还给受许人。

(四)支付方式

双方当事人应在合同中约定上述各项费用的支付方式,包括现金、支票和银行转账等方式。特许人在收到合同约定的款项后,应开具法定或约定的收款凭证。

五、对加盟店运营的约定

(一)加盟店的经营资格

受许人应保证加盟店符合法律法规关于经营资格的强制性或禁止性要求,取得《消防许可证》《环保许可证》《食品卫生许可证》等法律要求的相关许可证,并具有经营特许经营体系项目下经营活动的合法资格。

（二）加盟店的开业指导和开业培训

特许人应对受许人目标市场的考察调研、加盟店的选址、营业地的装修布置、人员的聘用等加盟店筹备工作提供必要的协助和指导。

在加盟店开业前，特许人应对受许人或其指定的承担加盟店管理职责的人员进行培训，通过考核后上岗，以确保受许人能够独自营运加盟店。

（三）特许经营体系的提供

特许人应在合同签订后的合理时间内，向受许人提供代表特许经营体系营业象征的书面资料，包括经营模式及相关管理制度、门店样式、店堂布局方案、会计系统、产品质量标准、产品质量监测制度以及经营手册等，以确保受许人顺利开展加盟店的营运工作。

（四）加盟店开业时间

受许人应保证在合同签订之日起约定的时间内正常开业，经特许人书面同意延期的除外。

（五）加盟店开业条件

加盟店开业一般要求符合以下条件。

（1）加盟店已取得营业执照或企业法人营业执照及相关许可证。

（2）营业地建筑物的装修经特许人验收合格。

（3）受许人已按本合同约定履行开业前的所有义务。

（4）加盟店符合经营手册规定的其他标准。

（六）加盟店营运

在特许经营合同中，一般要求受许人认可并同意承认和遵守特许人特许经营体系有关标准和统一性的规定。其目的在于维护特许经营权的统一，使特许体系在经营上形成规模效应，维护特许人和受许人双方的利益。

受许人在加盟店的营运过程中，还须严格遵守经营手册中规定的统一营运标准，有的合同也允许例外情况。如未经特许人书面许可，不得作任何变更，双方另有约定的除外。

（七）商品和服务质量要求

合同一般会约定受许人遵守特许人统一编制的服务质量保证承诺，自觉维护消费者的合法权益。受许人对消费者的投诉应当正确和勤勉地对待，对造成消费者权益损害的，须及时采取补救措施。

（八）监督、培训与指导

特许人为确保特许经营体系的统一性和产品、服务质量的一致性，会对受许人的经营活动进行监督。受许人应当保持完整与准确的交易记录，定期向特许人递交上期的总营业收入及真实的财务报表。特许人应当在不影响受许人正常营业的前提下，定期或不定期地对受许人的经营活动进行辅导、检查、监督和考核。受许人应当遵循特许人或其委派的督导员在特许经营过程中的建议和指导。双方可约定特许人有权定期或不定期检查和审核受许人的交易记录、会计资料、纳税记录等文件。

在合同有效期内，双方应约定特许人每年应对受许人或其指定的承担加盟店管理职责的人员提供一定次数的统一培训。

在合同有效期内,可约定特许人对受许人提供开展特许经营所必需的营销、服务或技术上的指导,并向受许人提供必要的协助。

(九) 广告宣传与促销

合同应就特许体系广告宣传与促销费用、义务承担等作出约定。特许人发布广告宣传、向受许人提供促销支持,必须严格遵守法律法规的相关规定。

六、信息披露及商业秘密保护

(一) 信息披露

信息披露制度,又称公示制度或公开披露制度,最初产生于资本市场,是指企业在证券的发行上市、交易等过程中,依照法律将与证券发行有关的一切真实信息予以公开。信息披露制度是现代资本市场监管的核心内容。特许经营体系中信息披露的产生基于特许人与受许人市场能力的不对等,以及当事人之间对对方信息的不了解有碍于以后的合作,有必要通过要求互相公开经营过程中必需的商业秘密来保障双方的权利。我国相关法律明确要求特许合同应就信息披露进行约定,是对当事人事实上市场地位的不平等的一种平衡,也是对未来可能出现的纷争的一种防范。

(二) 商业秘密的保护

商业秘密在特许体系中一般为特许人所拥有,是发展特许体系,扩大市场影响力、形成经营优势的根本,受许人在经营中也会形成自身的商业秘密。如何保护商业秘密事关整个特许体系的成败。在合同存续期间及终止后,受许人及其雇员未经特许人书面同意,不得披露、使用或允许他人使用其所掌握的特许人的商业秘密。受许人承诺采取必要的防范措施,编制商业秘密保护制度,并与接触秘密的人员签订保密协议,双方如未签订合同或合同未生效,不论原因如何,双方承诺对对方披露的所有信息承担保密义务,双方也可另行签订保密协议。

七、特许产品的提供和配送

许多特许经营体系有专营的商品和服务,涉及总部向门店统一供应货物,应在合同中就相关内容加以约定。如就配送方式、配送服务质量等加以约定。某些特许体系因需统一商品销售,还会就特许商品的提供与专营等内容做出规定,主要有以下几种情形。

(1) 所有销售的商品或与提供服务有关的产品都由特许人提供。

(2) 由特许人指定商品的提供商或特定品牌商品或特定质量标准商品,受许人应按合同约定采购指定的商品。

(3) 特许人对商品质量和品牌等无特定要求。一般情况下,特许人出于维护特许体系考虑,不会允许最后一种情况的出现。合同还可就配送及商品采购或提供的程序及所配送或提供的商品的质量、价格作出约定。

八、违约责任

作为合同的一类,特许合同也应未雨绸缪,规定合同当事人的违约责任。明确违约责任,反而能促进合同的履行,保护交易行为,并在一方当事人违约时,提供有效合理的解决方案。

九、合同的解除

特许合同应当约定合同解除的条款。

特许合同明确如果特许人违反合同约定事项,受许人有权书面通知特许人更正,特许人如在接到通知后未在规定期限内更正,受许人有权书面通知单方解除合同,解除合同的决定在通知到达特许人时生效。

同样.受许人违反合同约定事项,特许人有权书面通知其更正,受许人应在接到通知后约定期间内更正。逾期未更正的,特许人有权书面通知单方解除合同,解除合同的决定在通知到达受许人时生效。

十、后合同义务

特许合同双方当事人的权利义务终止后,因受许人掌握特许人的商业秘密,熟悉特许人的经营状况,极易利用已有的信息资源损害特许体系的利益不当牟利,故应规定合同当事人的后合同义务,保护当事人在合同结束后的利益。合同终止后,受许人应立即停止使用商标、特许标识及其他与特许经营体系有关的任何标识。受许人应在合同终止之日起一定时期内返还特许人为履行特许合同而提供的所有物品,包括文件及其副本或任何复制品。除特许人接收外,受许人应特许人要求撤换营业地所有特许经营体系特有的内外部设计、装修、装饰、颜色配置、布局、家具、设备,或清除前述用品之上的商标、特许标识及其他与特许经营体系有关的任何标识。受许人应在本合同终止之日起一定时日内向特许人支付本合同约定的所有应付费用。

十一、不可抗力

不可抗力又称人力不可抗拒,是指在合同签订以后,不是由于订约的任何一方当事人的过失或疏忽,而是由于发生了当事人既不能预见,又无法事先采取预防措施的意外事故。因不可抗力致使不能履行或不能如期履行合同,该当事人据此免除其履行合同的责任或允许其延期履行合同。

任何一方由于不可抗力且自身无过错造成的部分或不能履行特许合同的义务将不视为违约,但应在条件允许下采取必要的补救措施,以减少不可抗力造成的损失。遇有不可抗力的一方,应尽快将事件的情况以书面形式通知对方,并在事件发生的合理时间内,提交不能履行或者部分不能履行特许合同以及需要延期履行的理由的证明。

职业技能操练

工作项目

学生选择一家特许经营企业对其加盟合同进行调研与分析,发现存在的问题并提出相应的建议,根据实际情况编制特许经营加盟合同。

项目背景

对特许人来说,特许权的核心是知识产权,通过特许经营合同予以保护,关系重大。对受许人来说,加盟一个特许经营体系既是一种个人投资,也是一种职业生涯的选择。通过对特许经营企业的特许经营加盟合同进行调研,发现企业招募过程中的问题并对其提出建议。

工作目标

★ 走访一家特许经营企业,对其加盟合同进行调研。

★ 根据企业加盟合同分析合同现存问题并提出相应的建议。

★ 根据实际情况编制特许经营加盟合同。

工作计划

请将企业加盟合同调研与分析计划填入表7-2-1。

表7-2-1 企业招募流程调研与分析计划表

工作要点	计划描述
调研企业加盟合同的主要内容	
根据调研数据分析存在的问题	
编制特许经营加盟合同	

工作实施

步骤一:调研特许经营企业加盟合同的主要内容。

【基础任务】走访一家特许经营企业,收集调查特许经营企业的加盟合同。

加盟合同的类型:□单体特许经营合同　□区域特许经营合同　□特许经营代理权合同

特征:

_____

_____

步骤二:进行加盟合同主要内容分析。

【进阶任务】对所选特许经营企业的加盟合同进行进一步分析,找到存在的问题,提出相应的建议。

主要内容是否缺失:□是　□否

存在的问题:

_____

_____

改进建议：_____
_____
_____

主要内容是否不当：☐是　　☐否
存在的问题：_____
_____
_____

改进建议：_____
_____
_____

步骤三：编制特许经营企业加盟合同。
【进阶任务】根据企业现有加盟合同存在的问题，重新编制加盟合同。

当事人基本情况：_____
_____
_____

特许经营授权：_____
_____
_____

特许经营费用：_____
_____
_____

加盟店运营：_____
_____
_____

信息披露及商业秘密保护：_____
_____
_____

特许产品的提供与配送：_____

_____

违约责任：_____

_____

合同解除：_____

_____

后合同义务：_____

_____

工作项目评价

评价方式采用多元化评价，评价主体由学生、小组、教师与企业构成，评价标准、分值及权重如表7-2-2所示。

(1) 学生对自我在工作活动中的职业核心能力进行自评，将自评结果填入职业核心能力自测表，见表7-2-2。

表 7-2-2 职业核心能力自测表
（在□中打√，A 通过，B 基本通过，C 未通过）

职业核心能力	评 估 标 准	自测结果
自我学习	1. 能进行时间管理 2. 能选择适合自己的学习和工作方式 3. 能随时修订计划并进行意外处理 4. 能将已经学到的东西用于新的工作任务	□A □B □C □A □B □C □A □B □C □A □B □C
信息处理	1. 能根据不同需求去搜寻、获取并选择信息 2. 能筛选信息，并进行信息分类 3. 能使用多媒体等手段来展示信息	□A □B □C □A □B □C □A □B □C
数字应用	1. 能从不同信息源获取相关信息 2. 能依据所给的数据信息，做简单计算 3. 能用适当方法展示数据信息和计算结果	□A □B □C □A □B □C □A □B □C
与人交流	1. 能把握交流的主题、时机和方式 2. 能理解对方谈话的内容，准确表达自己的观点 3. 能获取信息并反馈信息	□A □B □C □A □B □C □A □B □C
与人合作	1. 能挖掘合作资源，明确自己在合作中能够起到的作用 2. 能同合作者进行有效沟通，理解个性差异及文化差异	□A □B □C □A □B □C

续表

职业核心能力	评估标准	自测结果
解决问题	1. 能说明何时出现问题并指出其主要特征 2. 能做出解决问题的计划并组织实施计划 3. 能对解决问题的方法适时做出总结和修改	□A □B □C □A □B □C □A □B □C
革新创新	1. 能发现事物的不足并提出新的需求 2. 能创新性地提出改进事物的意见和具体方法 3. 能从多种方案中选择最佳方案,并在现有条件下实施	□A □B □C □A □B □C □A □B □C
学生自我打分		

(2) 学生以小组为单位,对本工作项目的实施过程与结果进行自评,将自评结果填入小组自评表,见表 7-2-3。

表 7-2-3 小组自评表

评价内容	评价标准	分值	评分
团队建设	团队合作紧密、互帮互助	10	
	工作态度端正、作风严谨	15	
	遵守法律法规和工作准则	10	
工作情况	计划制订周密、组织有序	15	
	按计划、高效率完成工作	20	
	工作成果完整且质量达标	30	
合计		100	

(3) 教师就专业操作能力对小组工作过程与结果进行评价,并将评价结果填入专业能力测评表,见表 7-2-4。

表 7-2-4 专业能力测评表

(在□中打√,A 掌握,B 基本掌握,C 未掌握)

业务能力	评价指标	测评结果	备注
调研企业加盟合同的主要内容	1. 调研企业加盟合同 2. 调研的信息准确性	□A □B □C □A □B □C	
根据调研数据分析存在的问题	1. 准确分析企业的加盟合同 2. 分析合同存在的问题 3. 提出合理的建议	□A □B □C □A □B □C □A □B □C	
编制特许经营加盟合同	1. 了解加盟合同的主要内容 2. 编制特许经营加盟合同	□A □B □C □A □B □C	
其他			

教师评语:

教师打分		教师签字	

(4)企业对小组工作过程与结果进行评价,并将结果填入企业评价表,见表 7-2-5。

表 7-2-5 企业评价表

关键考核指标	分值	得分
调研企业加盟合同的主要内容	30	
根据调研数据分析存在的问题	30	
编制特许经营加盟合同	40	
合　　计	100	

(5)根据上述结果填写综合评价表,见表 7-2-6。

表 7-2-6 综合评价表

自我评价(10%)	小组自评(10%)	教师评价(50%)	企业评价(30%)	综合评价

职业素养指南

限制竞争的手段

特许经营限制竞争行为主要是协议当事人之间的限制行为和当事人之间对市场其他主体竞争的联合限制行为。特许经营限制竞争行为主要有以下几种表现形式。

(1)固定价格

所谓固定价格实际上就是价格控制,指特许方与受许方通过签订价格协议等方式,对特许经营产品或者服务价格标准进行限定,不允许受许方自行确定价格,或者受许方若要对价格进行变动,必须经过特许方的同意。

(2)搭售

指特许方在销售一种产品或者签订特许权协议时,强制性地要求受许方同时购买另一种商品的行为。在搭售的情况下,搭售品一般都不是好的商品,受许方因此丧失了自由选择质量更好、价格更便宜的原料和产品的可能,从而就失去了部分商业盈利机会。

(3)竞争业务的限制

即所谓的竞业禁止。指特许人为保护自身权益以及维护整个特许经营体系的所有受许人利益,维持特许人或者现有受许人的现有利润水平,要求受许人不得从事与其竞争的业务。这种限制不仅包括合同期间,有时还延及合同终止后的一段时间内,不仅包括受许人直接从事某种业务,还包括虽然间接从事某种业务但对特许体系内的其他受许人形成竞争的活动。

(4)排他性交易行为

所谓排他性交易行为,就是要求受许人只能购买、经营特许人认可或指定的某些产品或服务,除特许协议所规定的产品或服务外,受许人不能购买其他产品或接受其他服务。与搭售一样,受许人因此失去了购买质量更好的产品和接受更好地服务的选择权。

素养讨论:作为特许经营企业负责人,思考一下以上每种限制竞争的表现形式分别适用于什么样的经营业态?

思政教育园地

一份诱惑力极强的合同

很多特许人在加盟授权时承诺全部收购加盟方的产品,也就是有多少收多少,这让加盟方觉得自己就是工厂,生产多少就赚多少。但特许方会在合同上注明要加盟方生产的产品达到他们的产品标准才能被收购,而一般这种标准表述很模糊,看似要求很低,但很难达到,当加盟方生产出产品后,授权方可以以产品不符合要求为由拒收,甚至有的特许方利用没有资格的主体如办事处和加盟者签订协议,最后出现问题时加盟者诉讼无门。

加盟者要仔细推敲研究特许人所提供的合同。签合同前,要与专业律师仔细核对以下内容:价格与费用,地理位置,总部的控制与支持,广告与协作,利润与损失,经营使用持续时间以及终止条件,剖析相关内容的细节是否与事前协商好的相符合。合同是保障自己权益的关键,也是产生法律纠纷后解决问题的关键,因此必须将所有与自己切实利益相关的条款落到细处。

思政评析:"法乃经营之利器,非割喉之刃。"特许经营者要遵法守法,合法合规经营企业。同时,加盟者也要善用法律的武器保护自己的合法权益,共同营造风清气正的特许经营环境。

参考文献

[1] 李飞. 钻石图定位法[M]. 北京:经济科学出版社,2006.
[2] 李飞,王高. 中国零售业发展历程[M]. 北京:社会科学文献出版社,2006.
[3] Robert T. Justis,Richard J. Judd. 特许经营管理[M]. 3版. 北京:清华大学出版社,2005.
[4] 斯蒂芬·P. 罗宾斯. 组织行为学[M]. 7版. 北京:中国人民大学出版社,1997.
[5] 蒂芬·P. 罗宾斯. 管理学[M]. 4版. 北京:中国人民大学出版社,1997.
[6] 迈克尔·波特. 竞争战略[M]. 北京:华夏出版社,1997.
[7] 迈克尔·波特. 竞争优势[M]. 北京:中国财政经济出版社,1988.
[8] 张玉卿,庞正中. 国际特许经营指南[M]. 北京:法律出版社,2002.
[9] 牛海鹏. 特许经营[M]. 北京:企业管理出版社,1996.
[10] 中国连锁经营协会. 律师解析特许经营[M]. 北京:中国商业出版社,2004.
[11] 何易. 特许经营法律问题研究[M]. 北京:中国方正出版社,2004.
[12] 肖朝阳,罗天宇. 商业特许经营管理办法应用指南[M]. 北京:机械工业出版社,2006.
[13] 肖朝阳. 特许经营法律实务[M]. 北京:中信出版社,2003.
[14] 侯吉建,汤艾菲. 商业特许经营教程[M]. 北京:机械工业出版社,2006.
[15] 王贵斌. 特许经营合同案例分析[M]. 北京:中国工商出版社,2004.
[16] 王红,李盾. 特许经营ABC[M]. 北京:对外经济贸易大学出版社,2004.
[17] 汪岩. 特许经营300问答[M]. 北京:中国纺织出版社,2006.
[18] 李维华. 特许经营理论与实务[M]. 北京:机械工业出版社,2005.
[19] 黄勤南. 知识产权法学[M]. 北京:中国政法大学出版社,2003.
[20] 曹静. 特许经营原理与实务[M]. 上海:立信会计出版社,2002.
[21] 贾治邦. 连锁经营与代理制[M]. 北京:人民日报出版社,1996.
[22] 何春凯. 连锁致胜——连锁店经营管理实务[M]. 广州:广东旅游出版社,1999.
[23] 宋华. 日本7-Eleven为顾客提供最大的便利[M]. 北京:中国人民大学出版社,2001.
[24] 光明,冯俊. 麦当劳操作与训练手册[M]. 辽宁:辽宁科学技术出版社,2003.
[25] 俞浪复. 麦当劳店铺管理手法[M]. 辽宁:辽宁科学技术出版社,2002.
[26] 安德鲁J. 谢尔曼. 特许经营手册[M]. 北京:机械工业出版社,2005.
[27] 肖建中,连锁加盟创业指南[M]. 北京:中国经济出版社,2006.
[28] 李维华. 如何编制特许经营手册107问[M]. 北京:机械工业出版社,2006.
[29] 潘慧明. 连锁经营法规[M]. 北京:中国人民大学出版社,2017.
[30] 陈方丽,林瑜彬. 门店管理实务[M]. 2版. 北京:机械工业出版社,2017.
[31] 王吉方. 连锁经营管理:理论、实务、案例[M]. 3版. 北京:首都经济贸易大学出版社,2017.
[32] 中国连锁经营协会校企合作小组. 连锁企业品类管理[M]. 2版. 北京:高等教育出版社,2017.
[33] 中国连锁经营协会. 2021中国连锁经营年鉴[M]. 北京:中国商业出版社,2021.
[34] 孙玮琳,等. 特许经营实务[M]. 北京:高等教育出版社,2014.
[35] 范征. 连锁经营管理原理[M]. 北京:人民邮电出版社,2014.
[36] 操阳,章百惠. 连锁企业经营管理原理[M]. 北京:高等教育出版社,2014.

主要参考网站

[1] 中国联商网:www.linkshop.com.cn

［2］新浪财经：www.finance.sina.com.cn
［3］网易财经：money.163.com
［4］中国连锁经营协会官网：www.ccfa.org.cn
［5］中国商网：www.zgswen.com
［6］中国零售业博览会：www.chinashop.ce
［7］价值中国网：www.chinavalue.net
［8］销售与市场第一营销网：www.cmmo.cn
［9］百度文库：www.wenku.baidu.com